Franz von Holtzendorff

Der Brüden-Orden des rauhen Hauses und sein Wirken in den Strafanstalten

Franz von Holtzendorff

Der Brüden-Orden des rauhen Hauses und sein Wirken in den Strafanstalten

ISBN/EAN: 9783743486607

Hergestellt in Europa, USA, Kanada, Australien, Japan

Cover: Foto ©ninafisch / pixelio.de

Franz von Holtzendorff

Der Brüden-Orden des rauhen Hauses und sein Wirken in den Strafanstalten

Der

Brüderorden des Rauhen Hauses

und

sein Wirken in den Strafanstalten.

Nebst weiteren Mittheilungen aus den bisher unbekannten Papieren

von

Dr. F. von Holtzendorff.

„Die Sache unserer Brüderschaft geht vorwärts. Der Menschen
ist sie unbekannt, aber vor dem Herren ist sie als gesegnete Pflanzung offenbar."
Dr. Wichern. VIII. Umschreiben.

Zweite Auflage.

Berlin, 1862.
Verlag von A. Charisius.
Lüderitz'sche Buchhandlung.

Vorwort.

Die Befürchtungen, welche ich bei Herausgabe meiner im Juni v. J. erschienenen Schrift: „Die Brüderschaft des Rauhen Hauses, ein protestantischer Orden im Staatsdienst" im Voraus hegte, sind leider in Erfüllung gegangen. Damals sah ich voraus, daß sich die kirchliche Parteileidenschaft einer Frage bemächtigen würde, welche ganz und gar dem Gefängnißwesen, dem Verwaltungsrecht und der inneren Politik angehört. Die naive Anmaßung einiger Theologen ging sogar so weit, es gleichsam als eine literarische Amtsüberschreitung zu bezeichnen, daß ich von Dingen gesprochen, welche ihrer Ansicht nach der Gottesgelahrtheit allein zufallen sollen. So war ich denn keineswegs überrascht, als eine Anzahl s. g. evangelischer, oder s. g. neuer evangelischer Zeitungen, fliegender und kriechender Blätter ihren Ingrimm und ihre Bosheit gegen die Person desjenigen richtete, welcher ein ihnen unangenehmes Thema in einer dem ungelehrten Publikum verständlichen und darum „pamphletistisch" genannten Schreibweise zur Sprache gebracht hatte. Mit der heiligen Entrüstung privilegirter Zionswächter begann man einen Kampf gegen die von mir gezogenen Schlußfolgerungen, dessen Ausgang man hier und da triumphirend als meine völlige Widerlegung bezeichnete.

Neben meinen Befürchtungen sind aber auch meine Hoffnungen verwirklicht worden. Die gesammte Presse Deutschlands hat die Brüderschaftsangelegenheiten ihrer Aufmerksamkeit gewürdigt und in ihren freisinnigen Organen mit Entschiedenheit Bedenken gegen die staatliche Anstellung einer religiösen Corporation ausgesprochen. Was dem Urtheile der liberalen Presse in dieser Frage einen besonderen Werth giebt, ist der Umstand, daß dieselbe in den hervorragenden Vertretern ihrer Richtung den socialen Bestrebungen kirchlichen Ursprungs immer mit Achtung begegnet, den positiven Lebensäußerungen der Confessionen niemals feindselig entgegengetreten, sondern nur den Ausschreitungen hierarchischer Anmaßung auf dem Boden der Schule und der staatsbürgerlichen Gleichberechtigung den Weg zu verlegen bemüht gewesen ist. Nicht das positive, sondern das hierarchische Christenthum ist in kirchlich unabhängigen Blättern der Gegenstand des Angriffs. Eben deswegen darf man das Urtheil derselben als das unbefangenere betrachten im Verhältniß zu demjenigen Theile der Presse, welcher auf dem Boden einer bestimmten confessionellen Herrschaft oder des Staatskirchenthums steht. Wie es für diesen Standpunkt nur eine confessionelle Schule, eine confessionelle Philosophie und ein confessionelles Staatsbürgerthum als berechtigte Lebenskreise auf den Gebieten des Unterrichts, der Wissenschaft und des Staates giebt, ebenso scheint es den Anhängern desselben natürlich, auch confessionelle Gefängnisse zu begründen. Wer diesen Bestrebungen entgegentritt, der ist „ein Feind christlicher Arbeit," ein Verspötter der positiven Religion, ein Mensch voll schwerer religiöser Irrthümer, Vertreter einer sittlich irre geleiteten Wissenschaft. Es wäre gewiß im Interesse meiner Person sowohl, wie der von mir vertretenen Sache, alle von meinen Gegnern mir beigelegten Ehrentitel, vom „Satan" anfangend, lexicographisch zu ordnen. Man würde alsdann einen Maßstab für die christliche Liebe derjenigen gewinnen, welche die Advocatur der Brüderschaft nicht ohne persönliche Schmähungen zu führen vermögen.

Auf derartige Angriffe einzugehen, würde Niemand anstehen, dem an der Sache selbst gelegen ist. Die Zeiten sind glücklicherweise dahin, wo man an Streitigkeiten nach dem Geschmacke der Kapuziner oder Dominikaner ein Interesse nahm.

Es wäre daher eine Verkennung der Gegenwart und noch vielmehr eine maßlose Selbstüberhebung gewesen, wenn ich auf eine Klopffechterei eingegangen wäre, die sich um Ausdrücke, Bezeichnungen und Interpretationen in Beziehung auf die Ordnungen des Rauhen Hauses, oder um Widerlegung der mir gemachten Vorwürfe gedreht hätte. Obgleich ich nach ruhiger Erwägung alles dessen, was mir entgegnet worden ist, einräume, daß einzelne von mir in meiner Schrift gegen die Brüderschaft gebrauchte Ausdrücke und Redewendungen nicht bezeichnend genug sind, so darf ich dennoch versichern, daß keine einzige unter den von mir behaupteten Thatsachen widerlegt worden ist. Nur die Bedeutung und der Werth dieser Thatsachen, die Auffassung, welche daran zu knüpfen ist, bilden die Streitpunkte, deren weitere Verfolgung dem Gewissen jedes Einzelnen überlassen werden kann.

In den nachfolgenden Blättern handelt es sich also keineswegs um die nochmalige Wiederholung bereits gesagter Dinge. Soweit die Begründung der von mir geübten Kritik im Allgemeinen und gewisse thatsächliche Fundamente derselben angegriffen sind, werde ich am Schluß der nachfolgenden Schrift anhangsweise dasjenige hervorheben, was außer Beziehung zu meiner Person das Wesen der Sache und die von jedermann zu beanspruchende Freiheit der Beurtheilung in öffentlichen Dingen angeht.

Ueber den Zweck dieser neuen Schrift will ich mich kurz aussprechen. Nachdem ich die Organisation und den confessionell scharf abgegränzten Inhalt der Brüderschaft in meiner ersten Schrift darzulegen versucht und daraus den Schluß gezogen habe, daß die Verwendung der Brüderschaft im Staatsdienste wegen ihres eigenthümlichen, von ihr selbst in ihren Ordnungen dargelegten Charakters mit naheliegenden Gefahren verbunden sei, kommt es mir darauf an, neue Beweismittel und neue Thatsachen zur Begründung derselben Schlußfolgerung der Oeffentlichkeit vorzulegen.

Ich wiederhole dabei, daß es sich nicht um Persönlichkeiten, nicht um die Berechtigung dogmatischer Sätze, nicht um die sociale Stellung der inneren Mission handeln kann. Ob man in den Brüdern des Rauhen Hauses eine Generation neuer Kirchenväter oder gar Engel mit amputirten Flügeln erblickt, oder ob man sie für ein confessionelles Dienstmannsinstitut hält, welches gegen Entschädigung seiner Mühwaltungen zu nützlichen Handreichungen bereit ist und vor allen anderen zu gleichen Zwecken verwendbaren Arbeitskräften nur den Vortheil der äußeren Organisation voraus hat, ob die Brüder in der Kranken- und Armenpflege Hervorragendes leisten ober nicht, dies alles hat mit der Frage gar nichts zu thun, ob der Staat eine fertige, abgeschlossene, mit bestimmten kirchlichen Tendenzen ausgestattete Corporation für den Dienst der Strafanstalten ohne Nachtheil verwenden kann. Die einzelnen Individuen, welche Brüder heißen, müssen nach der Institution beurtheilt werden, die sich Brüderschaft nennt, sobald es darauf ankommt, über die Verwendbarkeit für den Staatsdienst zu urtheilen. Dem Einzelnen gegenüber kann ein Mißtrauen unberechtigt sein, welches ein Blick in die Zukunft und die Kenntniß vergangener Erfahrungen sehr wohl an eine Gesammteinrichtung knüpfen darf. Die schlechteste Politik ist diejenige, welche auf eine Niederlage wartet, als auf eine Gelegenheit, bestehenden Mängeln abzuhelfen. Nur zu häufig gilt es für unpatriotisch, für einen Ausdruck der Tadelsucht, auf das Vorhandensein von Uebelständen hinzuweisen, deren volle Wirkung und deren zukünftige Bedeutung noch unter der Oberfläche der Dinge verborgen liegt. Ein Scheinpatriotismus beansprucht für sich das Vorrecht, der letzte sein zu wollen, welcher Mängel in den vaterländischen Zuständen zugiebt, und erst dann einzuschreiten, wenn unersetzliche Nachtheile eingetreten sind.

Berlin, den 6. Januar 1862.

I.

Wir behaupten und andere bestreiten, daß die Brüderschaft des Rauhen Hauses dem Staate gegenüber als ein protestantischer Orden gelten müsse. Man hat deshalb wiederholentlich gefragt:

Ist die Brüderschaft des Rauhen Hauses als ein Orden innerhalb des protestantischen Kirchenlebens zu betrachten oder nicht?

Die Antwort auf diese Frage kann verschieden lauten je nach den Grundlagen derjenigen Anschauung, von welcher man ausgeht. Wer den Ordensbegriff auf den Katholicismus beschränkt, in Lehrbüchern niedergelegte Definitionen der thatsächlichen Welt gegenüber als abgeschlossen betrachtet, auf dem eng abgegränzten Boden des bisherigen Kirchenrechts und innerhalb der bisherigen wissenschaftlichen Formeln stehen bleibt, darf mit gutem Gewissen sein Nein! ausrufen.

Wer den Thatsachen folgend Neugestaltungen durch analoge Erweiterung herkömmlicher Begriffe am besten zu bezeichnen glaubt, wer das innere Wesen einer Sache über deren äußerliche Erscheinung stellt, ist vollkommen berechtigt, ein Ja! zu erwiedern.

Nichts ist also leichter, als unter Festhaltung eines bisher angenommenen und gehörig formulirten Begriffes, ein Zetergeschrei gegen diejenigen zu erheben, welche der Majestät des katholischen Ordensbegriffes zuwider, anmaßend genug sind, von einem protestantischen Orden zu sprechen, bevor sich ein öcumenisches Concil oder der preußische Ober-Kirchenrath damit einverstanden erklärt hat. Eben deswegen macht es einen komischen Eindruck, wenn man mit ängstlicher Sorgfalt unter Herzählung aller Gelübde der Keuschheit, Armuth und des Gehorsams unwiderleglich nachzuweisen sucht, daß die Brüderschaft des Rauhen Hauses kein (katholischer) Orden ist. Niemand hat daran gezweifelt, daß die Brüder durchaus von den Dominikanern und Franziskanern verschieden sind. Nur dadurch wird jener Eifer erklärlich, daß man in dem bloßen Namen eines Ordens den wahren Grund erblickt, weswegen der Staat Ordensmitglieder für die seinem Beamtenthum vorbehaltenen Ziele nicht verwenden soll.

Wir sind der Ansicht, daß man, auf Grund der früher mitgetheilten Brüderschaftsordnungen, die Männer des Rauhen Hauses als Mitglieder eines Ordens bezeichnen darf, um ihre Stellung gegenüber der evangelischen Kirche und dem Staate in allgemein verständlicher Sprachweise darzulegen. Eine theologische Zeitschrift, die Protestantische Kirchenzeitung hat sich über diesen Punkt, in unserem Sinne ausgesprochen und Mittermaier in der Allg. deutschen Strafrechtszeitung Nr. 40 erklärt, kein Unbefangener könne zweifeln, daß die Brüder des Rauhen Hauses als Mitglieder eines protestantischen Ordens anzusehen seien. Alle Erfahrungen, welche gegen die Verwendung von Orden im Staatsdienste sprechen, sprechen, wie wir weiterhin nachweisen werden, ebenso laut gegen den Brüderorden.

Indem wir darauf verzichten, einen voraussichtlich nutzlosen, in seinen Erfolgen ganz gleichgültigen Kampf mit denjenigen zu führen, welche sich von ihrem Standpunkte aus nicht entschließen können, in der Brüderschaft einen Orden zu erblicken, untersuchen wir, was die Brüderschaft in ihren eigenen Anschauungen und nach ihren eigenen Plänen darstellen will.

Zunächst kein bloßes Seminar, keine Bildungsanstalt junger Kräfte, welche im Augenblick der Reife die völlig freie Disposition erlangen. Gegen die Bezeichnung als Seminar ist in feierlicher Weise Widerspruch erhoben worden.

Aber was denn? Wir zählen die gelegentlichen Selbstdefinitionen der Brüderschaft noch einmal auf:

1) „Die **bleibende** Verbindung der Personen durch die eine Gesinnung des Glaubens und durch die eine gemeinsame Arbeit des Berufes; dies Bleibende und diese Ordnung im Bleibenden ist das Eigenthümliche unserer Verbindung."

2) Eine „Familie", welche ihre eigenen häuslichen Angelegenheiten besitzt, um welche der Staat sich nicht zu bekümmern hat, die verschwiegen bleiben müssen, deren lithographirte oder gedruckte Correspondenz für andere den Character einer bloßen Familienangelegenheit an sich trägt; eine Familie, für welche es in den übrigen Verhältnissen gar keinen Maßstab giebt; welche sich um alle menschlichen, gesellschaftlichen und göttlichen Dinge kümmert, ohne zu wünschen, daß irgend jemand diese Theilnahme anders, als durch milde Beiträge erwiedere.

3) Eine einfache Association und Vereinigung, etwa gleich-

artig wie eine juristische Gesellschaft oder ein Acclimatisationsverein oder eine Genossenschaft gegen Thierquälerei.

Diese letztere Anschauung wird an die Brüderschaft in denjenigen Fällen geknüpft, wo es darauf ankommt, ihre Unschädlichkeit darzuthun. In einer gegen uns gerichteten Gegenschrift ist ausdrücklich darauf hingewiesen, daß die Brüderschaft nichts anderes sei, als jede andere wissenschaftliche oder gesellschaftliche Vereinigung von Menschen, eine „freie" Association.

Es steht nicht zu befürchten, daß irgend jemand in Verlegenheit gerathe, wenn es sich um die Wahl zwischen diesen drei Bezeichnungen handelt. Eine einfache Association kann niemals die ausschließliche Selbstbestimmung der Menschen für ihre Zwecke in Anspruch nehmen, die volle Dahingabe aller Kräfte für einen Gesammtzweck des ganzen menschlichen Lebens fordern, wie dies von der Brüderschaft geschieht, welche überdies niemals daran gedacht hat, sich als einen einfachen Verein zu betrachten.

Wenn sich die Brüderschaft ferner stellenweise eine Familie nennt, so ist dies theils ein Ausdruck des Idealismus oder der Poesie, welcher von Thierfamilien, Staatenfamilien, Völkerfamilien, Schmarotzerfamilien, Verbrecherfamilien u. s. w. sprechen darf, oder eine Titulatur, welche eine besondere Zärtlichkeit der Gefühle ausdrückt, für die äußere Stellung der Brüderschaft aber jedenfalls gar nichts bedeutet.

Darnach bleibt nur übrig, die von Dr. Wichern selbst gegebene, den Brüdern gegenüber aufgestellte Bestimmung gelten zu lassen, nach welcher eine bleibende Vereinigung, eine auf innere Glaubens- und Gesinnungsgemeinschaft beruhende, auf eine gleichartige kirchliche Wirksamkeit (innere Mission) berechnete Genossenschaft als innerstes Wesen, als Eigenthümlichkeit der Brüderschaft hingestellt wird.

Derselbe Dr. Wichern, welcher als Stifter der Brüderschaft einer so großen Verehrung genießt, und unzweifelhaft zuweilen befähigt ist, über seine Absichten in vollkommen klarer Weise Auskunft zu geben, bestimmt den Grundcharacter der Brüderanstalten in einem der Herzogschen Realencyclopädie einverleibten Aufsatze über Diakonen und Diakonissenhäuser, wie nachfolgt:

„Der unbefangene Blick in die innere Einrichtung und die nach außen gehende Wirksamkeit unserer Diakonissenanstalten und Brüderhäuser führt uns nicht, wie vielfach angenommen wird, auf die schon der apostolischen Kirche angehörige Institution der Diakonen und Diakonissen zurück; vielmehr hat in ihnen die evangelische Kirche in ganz neuer, rein evangelischer Art den zur Zeit der Reformation abgerissenen Faden der kirchlichen Corporationen, Orden und Stifter für praktische Liebeszwecke zum Besten von Kindern, Kranken, Verlassenen, Gefangenen u. s. w. wieder aufgenommen."

Können wir eine größere Rechtfertigung von irgend welcher Seite erwarten, wenn wir die Brüderschaft einen neuen evangelischen Orden genannt haben, einen Orden, welcher außerhalb oder doch neben der allgemeinen Kirchengemeinschaft in der Gemeinde steht?

Denn eben von der Gemeinde sagt Dr. Wichern in demselben Aufsatz:

"Daß die Organisation der Gemeinde, abgesehen davon, daß sie überhaupt kaum zu Stande gekommen ist, den Ausfall so vieler Persönlichkeiten, die ausschließlich diesem Beruf der Barmherzigkeit leben, nicht ersetzen konnte, auch nicht ersetzt hat, beweist die Geschichte;"

und ebendaselbst in Beziehung auf das Wesen der neu-evangelischen Corporationen, Orden oder Stifter:

"Denn die im kirchlichen Bereich freiwilliger Aufopferung sich darbietende Glaubensliebe ist wesentlich ebenso mit der einigenden Kraft begabt, aus der sich mit innerer Nothwendigkeit ordnende und geordnete, unter Regel und Gehorsam tretende Genossenschaften für jene in dem Gemeinwesen nie untergehenden Zwecke bilden, wie anderntheils diese kirchlichen Innungen (immer vorausgesetzt, daß sie den Canon des göttlichen Wortes nicht verlassen) schon kraft des Selbsterhaltungstriebes darauf angewiesen sind, die Reinheit dieser Gesinnung zu bewahren, und unter der Zucht des göttlichen Wortes fortgehend in sich selbst zu erneuern."

Zum beliebigen Selbstgebrauche erhalten wir also zwei neue Bezeichnungen für die Brüderschaften: 1, "unter Regel und Gehorsam tretende Genossenschaft" 2, "kirchliche Innung", welcher letzte Ausdruck einige naheliegende Vergleiche mit den gewerblichen Innungen gestattet: Glaubensfreiheit und Gewerbefreiheit, Innungszwang Glaubenszwang, Gewerberath Glaubensgericht, geprüfte Meister und Gesellen im Glauben; die allgemeine Mitgliedschaft in der evangelischen Kirche dürfte bei Zugrundelegung einer solchen Bezeichnung, der Stellung den Lehrlingen oder den Kunden verglichen werden; der Gottesdienst dem Handwerk. Luther selbst hatte, wie Dr. Wichern hervorhebt, keineswegs die Idee, daß das Klosterleben etwas auf den evangelischen Kirchenbegriff Unübertragbares sei. Er hielt dafür, daß das Gelübde mit der Freiheit in Einklang gebracht werden könne. Dem Rath und der Bürgerschaft zu

Herford hatte er mit Beziehung auf das dortige Brüderhaus erklärt, „daß ihm solche Klöster und Brüderhäuser aus dem Maße gefallen."

Nachdem Dr. Wichern in seinem angeführten Aufsatze die Einrichtungen der Brüderschaft kurz, soweit es für die damaligen Zwecke genügend schien, angedeutet hat, fährt er, einen Rückblick auf alle solche Institutionen werfend, fort:

„In den genannten 24 Brüder- und Schwesterhäusern ist in der evangelischen Kirche auf Grund des göttlichen Wortes mit Ausschluß aller Werkgerechtigkeit und aller unevangelischen Gelübde mit der Erneuerung der zur Zeit der Reformation durch Werkgerechtigkeit verderbten und darum aufgelösten corporativen Uebung christlicher Liebeswerke wirklich ein neuer Anfang gemacht" u. s. w. Diese corporativen Bildungen haben ebenso kräftig Wurzel geschlagen in den lutherischen, als in den reformirten und unirten Landeskirchen u. s. w. Auch ist die Fortexistenz nicht durch einzelne Persönlichkeiten bedingt, da überall Curatorien bestellt sind, welche die Persönlichkeiten überdauern und das bleibende Verhältniß zur Kirche vermitteln, die in ihren amtlichen Trägern die geborne Pflegerin und Beschützerin dieser jungen Pflanzungen des in der geordneten Liebe wirksamen Glaubens bleibt."

Auf Grund dieser Anführungen wird man uns gestatten, in der Brüderschaft, „einen evangelischen Orden", oder „eine kirchliche Innung", jedenfalls aber eine **corporative unter Regel und Gehorsam tretende Religionsgenossenschaft** zu erblicken, die sowohl von den gesellschaftlichen Associationen, wie von der christlichen Gemeinde unterschieden sein will. Ebenso wird man uns gestatten, dem Dr. Wichern zu glauben, welcher in der Vorrede zu den Brüderordnungen versichert: „In der obrigkeitlichen Anerkennung des Verwaltungsrathes des Rauhen Hauses, dem das Curatorium einverleibt ist, hat eben auch dieses seinen Antheil an den Corporationsrechten, die jenem gewährt sind, wodurch ihm der Schutz für seinen Besitzstand gesichert ist."

II.

In den katholischen Ländern, namentlich in Oesterreich hat man neuerdings noch die Erfahrung gemacht, daß die kirchlichen Corporationen, barmherzige Schwestern u. s. w. in den staatlichen Anstalten, Krankenhäusern und Gefängnissen nicht ohne Nachtheil für den öffentlichen Dienst verwendet werden können.

Bei dem reißenden Absatz, welchen die Brüderschaft des Rauhen Hauses bisher nach allen Weltgegenden gefunden hat, sträubt man sich vorläufig gegen das Anerkenntniß, daß diese Erfahrungen, welche unter dem 49° oder 50° N. B. gemacht wurden, auf die vor den Thoren Hamburgs gebildete, in dem feuchten Klima der Elbniederung groß gezogene Corporation Anwendung finden könne.

Und dennoch walten erhebliche Unterschiede zu Ungunsten der Brüderschaft ob. Dieselbe hat bisher ihr inneres Leben mit einem ziemlich dichten Schleier umgeben, welcher ihr wahres Wesen vor den Augen des Staates verhüllte. Man vergleiche dasjenige, was von Zeit zu Zeit über die Brüderschaft in den „fliegenden Blättern des Rauhen Hauses", in den Berichten über die Gründung des Johannisstiftes in Berlin und endlich in dem s. g. Festbüchlein des Rauhen Hauses zu Horn mitgetheilt wurde, mit den genauen Bestimmungen der Brüderordnung vom Jahre 1858, und man wird erkennen, wie wesentliche Dinge vor den Augen des Publikums verborgen lagen.

Wenn wir uns früher die Aufgabe setzten, aus „bisher unbekannten Papieren" Nachrichten zu geben, welche den Meisten bis dahin unzugänglich waren, so waren wir dazu befugt im Hinblick darauf, daß gerade die Brüderordnungen des Jahres 1858 sich „als eine vorläufige und vertrauliche Mittheilung" an die Brüder ankündigten. Ferner waren wir befugt die Rundschreiben des Dr. Wichern nicht als geheime, wohl aber als unbekannte Papiere zu bezeichnen, befugt endlich auch, die mehrfachen Ermahnungen zur Verschwiegenheit, welche den Brüdern nach Außen hin eingeschärft sind, und besonders auf Rundschreiben und Chiffreschrift sich beziehen, als ernst gemeint zu betrachten.

Nachträglich hat man den Eindruck unserer Mittheilungen dadurch abzuschwächen gesucht, daß man behauptete, Alles sei bereits hinlänglich bekannt gewesen, was wir der Oeffentlichkeit übergaben. Den Eingeweihten freilich ist noch mehr bekannt, als wir selbst wissen. Aber vergebens wird man in früheren Publicationen die Stellen suchen, wo die wichtigen Unterordnungsverhältnisse der Brüderschaft, die inneren Arbeiten der Convicte, die Abhängigkeit der Brüder in allen Einzelnheiten dargelegt sind.

Ein gewisses Maß der Heimlichkeit lag von Anfang an im Wesen des Brüder-Ordens. Wer nur das äußere Wirken desselben sah, mußte nothwendigerweise ein ganz anderes Urtheil gewinnen, als die Bekanntschaft mit den Brüderordnungen voraussichtlich gestattet haben würde. Unbestreitbar giebt es Viele, welche dem Gedanken einer kirchlichen Vorbildungsanstalt für Armenpflege, Krankendienst und Rettungshäuser ihre volle und ungetheilte Zustimmung gewähren, ohne begreifen zu können, was jene fesselnden Zwangsregeln zu bedeuten haben, welche den entsendeten Bruder in einem fortwährenden Abhängigkeitsverhältniß erhalten.

Es ist keineswegs unwichtig, daran festzuhalten, daß Vieles, unserer persönlichen Ueberzeugung nach sogar Wesentliches, aus den Einrichtungen der Brüderschaft nicht für die Oeffentlichkeit bestimmt war. Mit Bezug auf das Festbüchlein, in welchem über das Wirken der Brüderschaft Bericht (1856) erstattet wird, äußert sich Dr. Wichern in seinem Rundschreiben vom 28. Dezember 1855:

„Die von der Veröffentlichung gebotenen Gränzen sind sorgfältig beobachtet, Vieles, ja das Meiste, was wir Brüder mit einander verleben, geht als Familiensache nur uns allein an und kann weder jetzt, noch je vor aller Welt Ohren gesagt werden."

In dem Umschreiben vom 22. Dezember 1857 heißt es ferner:

„Die Sache unserer Brüderschaft geht Vorwärts. Vor Menschen ist sie unbekannt, aber vor dem Herren ist sie als gesegnete Pflanzung offenbar; und gerade weil sie seine Pflanzung ist, muß und will sie weiter wachsen und wächst auch."

Nach dem Abdruck des die Brüderanstalten betreffenden Artikels in der Herzogschen Realencyclopädie (1855), nach Abfassung des Festbüchleins (1856) bleibt also die Brüderschaft noch immer vor den Menschen unbekannt! Im Jahre 1858 erschienen die Brüderordnungen als eine vorläufige und vertrauliche Mittheilung! Plötzlich im Jahre 1861 behaupten die Anhänger der Brüderschaft, daß Alles, mit Ausnahme der Rundschreiben des Dr. Wichern, deren Benutzung uns zum Vorwurf gemacht wird, bereits bekannt gewesen sei. — Scheinbare Widersprüche in den Jahreszahlen, Anachronismen, und die gegentheiligen Behauptungen in den Papieren der Brüderschaft darf man dabei ebenso wenig beachten, wie einzelne Dunkelheiten in dem Geschlechtsregister Davids.

Dem Staat erwächst aber daraus die Aufgabe der Vorsicht gegenüber der Brüderschaft. Wer hätte im 13. Jahrhundert den glühenden Eifer der Dominikaner für die Glaubenseinheit der Kirche, in früheren Zeitläuften den wissenschaftlichen Trieb der Benedictiner anfechten dürfen? Wer war berechtigt, jenen Personen diejenigen Vorwürfe zu machen, welche sich an eine später entartete Institution knüpften?

Indem wir die Anfänge eines neuen Ordens beobachten, müssen wir unser Lob und unsere Bedenken nicht auf den vertrauenswürdigen Charakter einzelner Persönlichkeiten gründen. Es kommt für den ruhig erwägenden Politiker darauf an, den Keim des Mißbrauchs ins Auge zu fassen, welchen eine auf Dauer berechnete, bleibende Einrichtung, als welche die Brüderschaft sich hinstellt, in sich birgt. Sind etwa alle diejenigen Lehren vergessen, welche man in Belgien und Frankreich von den Congregationen und Wohlthätigkeitsanstalten für kirchliche Zwecke empfangen hat?

Außerhalb unserer Competenz liegt es, zu untersuchen, wie weit die Brüderschaft berechtigt ist, die evangelische Gemeindeverfassung von vornherein und ein für allemal als eine nothwendige Legitimation für sich zu betrachten. Wir lassen es ferner völlig dahingestellt, ob eine im Geiste der Gegenwart durchgeführte auf die Selbständigkeit der Gemeinde begründete Kirchenverfassung wirklich so ganz außer Stande sein sollte, im Zusammenwirken mit den staatlich communalen Gestaltungen der socialen Nothstände Meister zu werden. Allein selbst unter der Voraussetzung, daß die Brüderschaft einem lange gefühlten praktischen Bedürfniß abhilft, darf man wohl fragen, was daraus für den Staat folgt?

Es ist eine ganz andere Sache, ob ein Kranker und Hülfloser, welcher der Verzweiflung nahe ist, die ihm dargebotene Hand religiösen Trostes in den bei der Brüderschaft üblichen Formen und in der aus ihrer Regel abzuleitenden Richtung annehmen will, ob das Vertrauen der Eltern ungerathene Kinder einer scharf ausgeprägten confessionellen Richtung zur Erziehung in der Rechtfertigung durch den Glauben, in den von der Brüderschaft geleiteten Anstalten übergiebt, ob ein entlassener Gefangener bei denjenigen Hülfe sucht, deren Glaubensrichtung ihm zusagt, oder ob die aus den Brüderordnungen ersichtliche Glaubensmission in die Anstalten des Staates berufen, mit der Autorität des Amtes bekleidet wird, und dadurch indirekt zu einer zwingenden Macht umgewandelt ist. Wir wiederholen es zum Ueberfluß noch einmal, daß die größten Verdienste religiöser Corporationen in freier socialer Wirksamkeit nun und nimmermehr eine Veranlassung oder Rechtfertigung für die Zulassung im Staatsdienst abgeben können.

Der einzelne Bruder kommt dabei nicht in Betracht, als ein Individuum, welches diesen oder jenen Glauben hegt, eine oder die andere Ueberzeugung über die Dreieinigkeit, einen festen oder losen Glauben an die Verbalinspiration in sich aufgenommen hat, sondern als Mitglied einer Corporation, welche einen einheitlichen Willen, eine ausschließlich formulirte Tendenz vermittelst einer Alle verpflichtenden Regel befolgt. Unserer Ueberzeugung nach stellt der Staat nicht den Herrn X, sondern vielmehr den Bruder Nr. 238 in seinem Dienste an. Wir wissen, daß die blinde Vorliebe für eine s. g. positive Religiosität vermittelst äußerlich dargelegter Kirchlichkeit sich gegen die Wahrheit einer solchen Behauptung auflehnen wird. Allein selbst die Protestantische Kirchenzeitung, welche doch keineswegs negative Anschauungen auf dem Boden des kirchlichen Lebens vertritt, äußert sich in ihrer Nummer vom 20. Juli 1861 darüber, wie folgt:

„Wir können diese Befürchtungen nur als gerechtfertigt anerkennen, möchten aber noch einen Umstand hervorheben, der wie gegen alle Orden im Staatsdienste, so auch gegen die Brüderschaft des Rauhen Hauses auf das Entschiedenste geltend zu machen ist. Wir sehen in dem Mangel an wahrer Theilnahme für den Staat, ja in dem seinen Interessen direkt zuwiderlaufenden Sonderinteresse solcher Orden, die Hauptbedenken gegen ihren Eintritt in den Dienst des Staates und ihr Verweilen in demselben. Dies Sonderinteresse ist die nächste und unabwendbarste Folge des durch die eigenthümlichen Regeln und Ordnungen gerade geweckten und genährten Gefühles der Zusammengehörigkeit, dem das der Unterordnung aller außerhalb der Gemeinschaft liegenden Dinge nothwendig entspricht. Es kann daher kaum die Frage entstehen, wohin sich in Collisionsfällen der Angehörige einer solchen Gemeinschaft entscheidet; zwischen dem Interesse des Staates, des niedern, zu heiligenden und zu erleuchtenden, und dem der Gesellschaft des königlichen Priestervolks, das zur Heiligung, zur Erleuchtung und zur Regierung berufen ist, kann für das Mitglied überhaupt von keiner Wahl die Rede sein. Collisionen sind unvermeidlich. Es sind darunter nicht die Fälle allein zu verstehen, in denen es sich um einen direkten Conflikt zwischen dem Gewissen des Ordensbruders und den klaren Amtspflichten des Staatsdieners handelt, obwohl auch sie nicht ausbleiben. Nein, das ganze Dasein eines solchen Professen im Staatsdienst ist eine immerwährende Collision zwischen den Vorschriften des Ordens und den Forderungen des Staates. Der letztere verlangt z. B. von dem Gefängnißbeamten, daß er nach seinen Kräften den ihm untergebenen Gefangenen zu einem ordentlichen und brauchbaren Mitgliede der Gesellschaft zu machen bemüht sein soll. Der Orden erkennt die höchste Aufgabe des Menschen in der eifrigen Ausübung gewisser religiöser Akte, in dem endlichen Siege einer ganz bestimmten, genau begränzten confessionellen Richtung. Jede von diesen Aufgaben schließt die andere insoweit aus, als nur die Eine die bestimmende und maßgebende für den ganzen Plan der Behandlung sein kann."

Unklarheit, Eigensinn und kirchliches Vorurtheil, können freilich selbst durch eine so klare und einfache Sprache nicht überzeugt werden. Die Verehrer der Brüderschaft verweisen überall auf das angebliche Resultat ihrer frommen Wirksamkeit, auf die praktischen Erfahrungen, welche der Brüderschaft zur Seite stehen sollen, auf die Nothwendigkeit, „das Christenthum in den Strafanstalten aufrecht zu erhalten."

Was die praktischen Erfahrungen zu bedeuten haben, werden wir späterhin untersuchen. Vorläufig ist hier noch einmal die Thatsache zu constatiren, daß in den preußischen Strafanstalten theils einzelne Brüder zerstreut unter den alten Subalternbeamten wirken, theils aber in **corporativer Geschlossenheit**, wie in **Moabit**, neben einigen wenigen Nichtbrüdern angestellt sind.

Den Zusammenhang, in welchen die zerstreuten Brüder mit dem Rauhen Hause, vermittelst der Convicteinrichtungen gesetzt sind, dürfen wir als allgemein bekannt voraussetzen. Dagegen muß auf die Verschiedenheit der Moabiter Einrichtung, vermöge welcher etwa 38 Brüder den Strafanstaltsdienst im Zellengefängniß besorgen, und gleichsam ein geschlossenes Ganze darstellen, schon hier verwiesen werden.

Bevor wir auf die Darstellung dieser Verhältnisse eingehen, ist noch zweierlei zu erledigen: Die Darlegung der **Abhängigkeitsverhältnisse**, in welchen der einzelne Bruder zu dem Orden steht und eine Besprechung der Beweismittel, welcher man sich zur Feststellung streitiger Gefängnißverhältnisse bedienen kann.

III.

Da von einigen Anhängern der Brüderschaft neuerdings die Taktik befolgt worden ist, den Orden als eine einfache Association hinzustellen, so ist es der Klarheit und Verständlichkeit dienend, die wichtigsten Punkte hervorzuheben, in denen die **corporative** Organisation nach Außen tritt. Es kann nicht oft genug wiederholt werden, daß der ganze Mensch des Rauhen Hauses, welcher den Ehrentitel des Bruders führt, durch die (auch ihm nützlichen) Zwecke der Brüderschaft in Anspruch genommen wird. Die freie, bei halbgebildeten Männern ohnehin wenig entwickelte Persönlichkeit löst sich in der Mitgliedschaft des Brüderordens auf. Diese nach Dr. Wichern's eigenem Ausdruck unter Regel und Gehorsam gebrachte Genossenschaft ist mit freier Selbständigkeit unverträglich. Für die Mitglieder gilt es, entweder zu scheiden, oder die Eigenschaften des Lammes zu besitzen, welches nach der Titelvignette der fliegenden Blätter, in höchst unbequemer Lage auf den Schultern eines Hirtenknaben ruht.

Gegen die Aussicht, ein Amt dargeboten zu erhalten, in welchem man dem Herren dienen soll, und das jedenfalls ein persönlich hinreichendes Auskommen gewährt (welches Amt aber, wie man versichert, keineswegs Tendenz sondern nur Mittel der Brüderschaft ist), gegen die fernere Aussicht, daß sich das persönliche Auskommen so weit vermehre, „daß es, wie bisher bei vielen Brüdern, durch die Zusammengehörigkeit mit der Brüderschaft möglich wird, mit Gottes Wirken einen eigenen Herd zu gründen" (welche Aussicht an und für sich gleichfalls niemand bestimmen wird, das harte Loos der Brüderschaft zu erwählen) finden wir folgende die Brüder verbindende Anordnungen:

1. Bestimmte, äußerliche, regelmäßig wiederkehrende Exercitien des Glaubens, d. h. Gebete, Andachten, Gebrauch von Sprüchen, gemeinschaftliche Abendmahlsfeiern.
2. Die Verpflichtung zur Verschwiegenheit in Angelegenheiten der Brüderschaft.
3. Die Verpflichtung zur Berichterstattung über tiefer eingreifende Ereignisse, die die Berufsarbeit des Bruders betreffen, wodurch ganz selbstverständlich, (wie man uns versichern wird) niemals ein Conflikt gegen die Amtsverschwiegenheit in Staatsämtern herbeigeführt werden kann.
4. Unterwerfung jedes Bruders unter Mahnung und Strafe, sobald er von der „streng zu haltenden Convictordnung" abweicht, oder sonst unbrüderlichen Anlaß zum Mißvergnügen darbietet.
5. Enthaltsamkeit von allen Nebengeschäften, welche der inneren Mission nicht dienlich sind; es sei denn, daß eine besondere Erlaubniß von Oben ertheilt wird.
6. Selbstverständlich keine Veränderungen des Anstellungsvertrages ohne Mitwirkung und Zustimmung des Curatorii, respective des Vorstehers vom Rauhen Hause.
7. „Verantwortlichkeit und Rechenschaft jedes angestellten Bruders, soweit es sich darum handelt, ob ein Bruder seinen Dienst in dem Sinne und dem Geist thut, in welchem er entsendet worden und zu dessen Bewährung sich die Brüderschaft verpflichtet weiß." In andern Worten ausgedrückt steht hiernach der Brüderschaft ein Interventionsrecht in die innere Amtsführung unzweifelhaft zu.
8. Verpflichtung, die inneren Missionszwecke bei dem Zeitpunkt der Verheirathung und der Auswahl der Ehefrau zu berücksichtigen.
9. Verpflichtung zur gegenseitigen Ueberwachung und Anzeige des

Irregeheuden oder Desjenigen, welcher Gefahr geht, irre zu gehen und zu fallen.

10. Verpflichtung keinen anderen Beruf, als den anvertrauten, ohne Vermittelung des Vorstehers zu übernehmen.
11. Unverträglichkeit der Amtsgenossenschaft mit den Angehörigen anderer Genossenschaften. „Diese Regel soll dazu dienen sonst unvermeidliche Conflikte zwischen den Verwaltungen und Ordnungen verschiedener Genossenschaften zu verhindern."

Bevor wir weiter untersuchen und feststellen, inwieweit alle diese Verpflichtungen mit den Interessen des Staatsamtes verträglich sind, ist der Zwangsmittel zur Erfüllung dieser Verpflichtungen zu gedenken:

a. Verlust der Mitgliedschaft ipso jure bei Verletzung der unter 10 aufgeführten Verpflichtung. Der Betreffende „hört damit auf, Bruder zu sein."

b. Ausstoßung durch gemeinsamen Spruch des Oberconvictes, insbesondere „wegen notorischer Untreue im Berufe, oder wegen unheiligen Wandels." Da Untreue vermuthlich nicht im Sinne des preußischen Strafgesetzbuches allein, sondern allgemein als Vernachlässigung und Widersetzlichkeit gegen die Ordensregel verstanden werden kann, so ist schon durch die beiden Ausdrücke Untreue und unheiliger Wandel eine Disciplin ermöglicht. Als besondere Folge der Ausstoßung ergiebt sich ferner, „daß der Zugang zu jedem anderen Dienste auf dem Gebiete der inneren Mission dem Ausgestoßenen, falls er einen solchen irgendwo suchen sollte, seitens der Brüderschaft nach Kräften verwehrt werden soll, damit er nicht sich und Anderen neuen und schwereren Schaden bringe." Nicht genug also, den „Untreuen" und unheilig Wandelnden aus der Gemeinschaft der Brüder entfernt zu haben, wirft sich der Orden zum Richter über sein zukünftiges Leben auf. Was nur immer auf der gesammten Weltoberfläche irgendwo nach innerer Mission schmeckt, soll dem Ausgestoßenen versperrt werden. Man begnügt sich nicht damit, wie eine wahrheitsliebende Herrschaft dem schlechten Gesinde bei der Entlassung ihre Schlechtigkeit zu attestiren, sondern die christliche Liebe geht hier so weit, ein Verdammungsurtheil für Lebenszeit demjenigen aufzuerlegen, der einmal „untreu" war. Und was kann nicht Alles in den Auffassungen einer solchen „unter Regel und Gehorsam" gebrachten Genossenschaft untreu und unheilig sein!

c. Excommunication in milderer Form. Die Brüder-Ordnung bestimmt S. 22: — „Solche Mitglieder, welche im Laufe eines

Jahres nichts von sich vernehmen lassen und diejenigen Ordnungen der Brüderschaft, in denen sich das Leben und Zusammenwirken der Genossenschaft als solcher zu erkennen giebt, sichtlich vernachläßigen, oder sich diesen Ordnungen bewußt und absichtlich entziehen, ohne ihren Willen aus der Brüderschaft auszutreten zu erkennen zu geben, werden zunächst vom Vorsteher, dann vom Oberconvict an ihre Versäumnisse erinnert werden und wenn sie diesen brüderlichen Vorstellungen nicht Folge leisten, als selbstwillig ausgetreten angesehn, worüber ihnen die nöthige Anzeige gemacht werden soll. Darnach wird aller Verkehr der Brüderschaft als solcher mit ihnen, die nur dem Namen nach Brüder gewesen wären, aufgehoben."

Wir sagen, daß darin eine Excommunication und Entlassung liegt. Ein muthschnaubender Ausfall eines unserer Gegner zeiht uns deswegen der Unwahrheit! Wegen der Bezeichnung ist mit niemand zu rechten, am allerwenigsten mit solchen, die sich selbst zum literarischen Bravothum rechnen. Man wird aber bei genauerer Erwägung finden, daß in den eben angeführten Bestimmungen ein Contumacialverfahren mit fingirtem Zugeständniß liegt. Jemand, der nichts von sich hören läßt, wird nach erfolgtem Monitorium als „selbstwillig ausgeschieden" betrachtet: Ein Ausdruck, welcher an klassischer Urbanität nichts zu wünschen läßt.

d. **Entziehung der brüderschaftlichen Verwendung zur Erlangung eines Amtes.** Dieselbe tritt ein wegen vorschriftswidrigen Heirathens nach den in Nr. 16 und 22 für Sendbrüder ertheilten Vorschriften. Wenn ein Bruder trotz der ihm ertheilten Warnung eine Frau heirathet, „ohne strenge Rücksichtnahme auf den Dienst für das Reich Gottes", eine Frau, die sich zur Mitwirkung im Beruf ihres Mannes als nicht geeignet erweist, so kann dem Bruder möglicherweise (nicht durch die Brüderschaft selbst, sondern nur durch die in ihrem Geiste wirkenden Anstalten) Entlassung aus dem ihm überwiesenen Berufe auferlegt werden. Damit „kann für die Brüderschaft die Unmöglichkeit entstehen, demselben alsobald oder überhaupt wieder einen Beruf anzuweisen". Vielmehr ist die Brüderschaft so gnädig, den in Contravenienz-Ehe lebenden Bruder „ausdrücklich dazu zu befugen, selbst für eine künftige Berufsstellung zu sorgen." Die Entlassung bezieht sich also hier nur auf das Amt, zu dessen Besorgung die Vermittelung des Vorstehers der Brüderschaft in Anspruch genommen war, nicht auf die Mitgliedschaft in der Brüderschaft. Ob gleichzeitig eine excommunicatio minor darin liegt, daß die Wohlthat weiterer Amtsvermittlung durch das Curatorium der Brüderschaft, welche sonst Regel ist, verloren geht, mag jeder selbst beurtheilen.

Welche Mittel also besitzt die Brüderschaft, um ihre Mitglieder in Einklang mit sich zu erhalten? Sehr zahlreiche und wirksame! Man sagt zwar: der Bruder muß bei seinem Eintritt in das Rauhe Haus ein Handwerk verstehen, welches ihn ernähren kann. Wir wissen nicht, ob die Fertigkeit in einem Handwerk durch eine technische Prüfungscommission, oder durch Zeugnisse früherer Meister festgestellt wird. Allein, angenommen, ein vortrefflicher Geselle tritt in den Dienst der innern Mission. Ist es nun wahrscheinlich, daß nach drei-, vier- oder zehnjährigem Dienst als Bruder diese Fertigkeit den plötzlich Austretenden wieder ernähren kann, ernähren an einem Orte, der weit von seiner Heimath entfernt, möglicherweise außerhalb seines Heimathstaates liegt? Unter den heutigen Verhältnissen möchte es selbst einem in Mecklenburg geprüften Handwerksgenie unmöglich sein, fern von seiner Heimath, gehemmt durch eine zahlreiche Familie, gehindert durch beschränkte Freizügigkeit und viele noch jetzt fortbestehende Gewerbezwangsbestimmungen ein Geschäft mittelst derjenigen Fertigkeit zu begründen, welche man vor Jahren erlangt und Jahrelang nicht weiter geübt hat. Da die überwiegende Mehrzahl der Sendbrüder aus dem Handwerkerstande hervorgegangen ist, so greift unser Bedenken in den meisten Fällen Platz. Mit der praktischen Freiheit des Austrittes aus der Brüderschaft darf man also nicht prahlen. Sie ist so gut wie immer, eine Chimäre.

Wir sind weit davon entfernt, anzunehmen, daß alle Brüder durch Amtsgier und Versorgungsgelüste in den Dienst der innern Mission geführt werden, glauben im Gegentheil, daß eine Anzahl theils phantastisch schwärmerischer, theils kirchlich begeisterter, theils dogmatisch exaltirter, jedenfalls aber uneigennütziger Jünglinge sich an die unter Regel und Gehorsam tretende Genossenschaft dahingibt und durch aufrichtige Gesinnungsgemeinschaft an einander gekettet ist. Zu denjenigen, welche die Stärke und Kraft der Glaubensgemeinschaft unterschätzen, gehören wir so wenig, daß wir sogar die Uebertreibungen und die exclusive Intoleranz für eine naheliegende Frucht derjenigen äußerlich potenzirten Kirchlichkeit halten, welche unserer persönlichen Ueberzeugung in dem Brüder-Orden entgegentritt. Mit Bestimmtheit glauben wir aber annehmen zu dürfen, daß neben dieser im Glauben festen Gesinnungsgemeinschaft die formelle Freiheit des Austritts dem Einzelnen gegenüber wenig zu bedeuten hat. Wir wiederholen unsern von vielen Seiten heftig angegriffenen Ausspruch:

daß die Bande der Brüderschaft wesentlich stärker sind, als diejenigen unter katholischen Professen, obwohl diese das Gelübde voraus haben!

Wir wiederholen diesen ketzerischen Ausspruch, indem wir Dr. Wichern citiren. Derselbe sagt in der dritten Auflage seines Festbüchleins S. 488 Zeile 4 von oben Folgendes:

„Gerade in der Freiheit von Gelübden und von allem, was dem ähnlich sein könnte ist das Band, das alle zusammenhält, so stark und stärker geworden. Der Herr wolle es, wie bisher, so ferner erhalten und immer fester schürzen."

An die feste Glaubenseinheit der Brüderschaft, welche, nach Dr. Wichern zu urtheilen, durch das fehlende Gelübde nicht beeinträchtigt wird, schließt sich die materielle Abhängigkeit des Brüderamtes verstärkend an. Somit werden wir zur Wiederholung unserer Ansicht berechtigt, welche das corporative Element der Brüderschaft als ein ungewöhnlich wirksames betrachtete.

IV.

Weiter werfen wir die Frage auf: Welches das ideelle Grundverhältniß der Brüderschaft zum Staate und zur Gesellschaft ist?

Die Brüderordnungen von 1858, welche bisher Manuscript waren, künftig aber aufhören werden, unbekannte Papiere zu sein und im Buchhandel erscheinen sollen, schließen das Wesen der Brüderschaft noch nicht definitiv ab. In der Vorrede dazu heißt es:

„Sehen Sie, liebe Brüder, die nachfolgenden Mittheilungen, wie schon der Titel darauf aufmerksam macht, nur als vorläufige an. In den hier angegebenen Ordnungen und Einrichtungen, so sehr dieselben eine grundlegende Bedeutung haben, ist der Organismus der Brüderschaft nichts weniger als erschöpft. Die in ihr ruhenden Lebenskeime sind zu triebkräftig, als daß wir in dieser Form der Ordnungen einen Abschluß ihrer Entwickelung zu sehen glauben dürften; wir erkennen in ihr vielmehr nur einen neuen, und so Gott will, gesegneten Anfang."

Auch in diesem Eingeständniß der (äußerlichen) Entwickelungsfähigkeit der Form gegenüber der unabänderlichen Starrheit einzelner katholischer Ordensregeln muß man ein bedeutendes und unter Umständen höchst gefährliches Element erkennen. Das Verhältniß der inneren Mission zu denjenigen Staaten, in denen sie am entschiedensten wirkt, ist ein sehr verschiedenes, und zwar durch die kirchliche Politik dieser Staaten bedingtes.

Vor 1845 war die Brüderanstalt des Rauhen Hauses nur Seminar; sie bezeichnete sich als solches. 1855 perhorrescirte Dr. Wichern in seinem Umschreiben diesen Titel feierlich, weil es „hohe Zeit diese Vorstellung abzuwehren." Damals bestand die Blüthezeit der Schulregulative in Preußen, die Periode unerträglicher Frömmelei und Heuchelei, welche der Prinz Regent später so energisch brandmarkte. Dr. Wichern trat in den Preußischen Staatsdienst, berufen durch eine Richtung, welche seine Wirksamkeit auf den Kirchentagen für so hervorragend hielt, daß man ihm in voller Würdigung seiner vor 1857 hervorgetretenen Leistungen, als vortragendem Rath für Gefängnißangelegenheiten, eine Beamtenstellung mit einem Gehalte von 3000 Thalern, ausschließlich der Dienstreiseentschädigungen und Diäten, und unter Gewährung eines jährlich sechsmonatlichen Urlaubes, kurz eine Stellung übertrug, wie sie bis dahin niemals existirt hatte, und welche Vortheile darbietet, durch welche die Annehmlichkeit eines Ministerpostens bedeutend in den Hintergrund gedrängt wird.

Nicht um etwas mitzutheilen, was jeder weiß, erwähnen wir dies, sondern um einerseits daran zu erinnern, weswegen, vom wem und zu welcher Zeit die Berufung des Dr. Wichern erfolgte, und um andrerseits ein so hervorragendes Ereigniß für die Periodisirung der inneren Mission zu verwerthen. Ein Beamter im Preußischen Staatsdienst schuldet offenbar der jedesmaligen Regierung und seinem Vorgesetzten eine Achtung auch bei abweichenden Amtsanschauungen, welche sich soweit äußern darf, als es dem Interesse und der kirchlichen Politik innerhalb der unabänderlichen Zwecke der inneren Mission und den Brüderordnungen entspricht.

Ohnehin steht bei den zukünftigen Brüderordnungen nichts entgegen, den Zeitumständen „Rechnung zu tragen." Es ist denkbar, daß dieselben Organe der inneren Mission, welche sich in Einklang mit der Politik der Herren von Manteuffel, von Westphalen und von Raumer befanden, in späteren Jahren mit der Richtung der Herren von Patow, von Schwerin und von Bernuth äußerlich harmoniren. Wir sind überzeugt, daß auch die innere Mission theilweise liberal werden kann.

1858 ergingen die von uns so häufig genannten Brüder-Ordnungen als eine vorläufige — vertrauliche Mittheilung. Die Regentschaft kam und mit ihr eine neue Zeit. In diesen 1858 erschienenen Brüderordnungen ist dem Ordensoberhaupt beziehungsweise dem Curatorium jenes von uns oben aufgeführte Interventionsrecht in das Amt gegeben, welches nicht im Geiste und Sinne der Brüderschaft ausgeübt wird. In diesen Brüder-Ordnungen ist von der Darbietung des Amtes die Rede, in welchem man dem Herren dienen kann und ein persönlich ausreichendes Gehalt erhält, als ob es überhaupt eines Amtes bedürfte, um dem Herren zu dienen, als ob nicht jedes Amt den Dienst des Herren zuläßt oder als ob das vom Staat dargebotene, von Brüdern zu verwaltende Amt als ein Mittel betrachtet werden dürfte, dem Herren nach den Anschauungen der inneren Mission zu dienen! Nach diesen Brüderordnungen war also auch der der Brüderschaft zugängliche Gefängnißdienst ein Amt, in welchem der Bruder dem Herren dienen konnte und sollte, „und zwar im spezifischen Sinne der inneren Mission!"

Vor einiger Zeit ist in der Agentur des Rauhen Hauses eine Schrift erschienen, welche den Titel trägt: Das Rauhe Haus, seine „Kinder" und „Brüder." Mittheilungen von Dr. Wichern. Hamburg 1861.

Nach dieser Schrift ist die Sprache der Brüderschaft ziemlich liberal geworden. Es heißt darin S. 104:

„Sodann ist zu Anfang des Jahres 1858 ein Versuch gemacht, die nach und nach in der Praxis entstandenen Ordnungen, in welche sich die Angelegenheiten der Brüder hineingefunden haben, oder die als wünschenswerth sich kund gegeben haben, zusammenzustellen. Das Wesentliche darüber (nach unserer abweichenden Ansicht „das Unwesentliche") war schon seit Jahr und Tag zerstreut in den Flieg. Blättern vorgekommen. — — Das Ganze konnte nur zunächst als Manuscript für die Brüder gedruckt werden und auch dies Manuscript bezeichnet die Redaction ausdrücklich nur als ein „vorläufiges." Mit einer späteren Umredaction wurde dann bereits Ende vorigen Jahres der Anfang gemacht, da schon bald nach der Ausgabe eine ganze Reihe der getroffenen Bestimmungen, beim Fortschreiten der Angelegenheiten in ganz neue Bahnen, nicht mehr paßte. Ich erinnere in dieser Beziehung nur an die Gründung des Johannisstiftes in Berlin; später kam noch die Vorbereitung eines neuen Brüderhauses in Amerika; dann die in Syrien begonnene Brüderarbeit hinzu."

Was wir gesagt bestätigt sich also. Die Verpflanzung der Brüderschaft nach Berlin vermittelst der Gründung des Johannesstiftes zur Zeit der Regentschaft nöthigte dazu, einige alte, dem Geiste Raumer's wohlgefällige Bestimmungen der Brüderschaft in majorem Dei gloriam aufzuopfern, und die Brüderschaft revidirt aus ihren Ordnungen das Anstößigste weg. Zu den bereits wegrevidirten Bestimmungen gehört jenes Interventionsrecht der Brüderschaft in staatliche Aemter auf Grund der vorläufigen Ordensregel von 1858 S. 24 Nr. 5 nach den für Sendbrüder giltigen Bestimmungen.

In der neuen Schrift des Dr. Wichern heißt es:

„Was über diesen Gegenstand, nämlich über das Verhältniß zwischen der Anstalt und der amtlichen Stellung der entlassenen Brüder von jeher gegolten und von dem Berichterstatter schon vor 17 Jahren (ja wohl damals, als noch ein „Seminar" bestand) gesagt worden, ist noch heute unverändert geblieben. — Es ist nämlich nach allen Seiten hin der Grundsatz strenge festgehalten, daß jede derartige amtliche Stellung von hiesiger Einmischung und Einwirkung frei erhalten werden müsse."

Wer aus allen Publicationen der Brüderschaft das Wahre ermitteln will, muß drei literargeschichtliche Abschnitte in ihnen unterscheiden: eine erste Periode, in welcher sich die Brüderanstalt als Seminar gerirt, vielleicht bis zum Jahre 1850, eine zweite Periode, welche der Preußischen Reactionszeit in Staat und Kirche parallel läuft und bis zum Anfang des Jahres 1858 reicht, eine dritte Periode des Schwankens bis zum Jahre 1861, welche in den Liberalismus einlenkt, und den veränderten Zuständen Preußens durch eine „milde Praxis" entgegenkommt. Aus der neuesten Schrift des Dr. Wichern erkennt man die Sprache des Jahres 1856 gar nicht wieder.

Um die politische Gelenkigkeit der Brüderanstalt des Rauhen Hauses, und damit ihre jesuitische Natur zu veranschaulichen, muß man die Sprache des Festbüchleins von 1856 mit der maßvollen Schrift des Jahres 1861 vergleichen. Vor fünf Jahren donnerte die Sprache des Kirchentages gegen den entsittlichten Staat, indem sie die kirchliche Ueberkirchlichkeit in Preußen noch zu überbieten trachtete. Alles sollte damals verkirchlicht werden.

In der Vorrede zum Festbüchlein heißt es S. IX.:

„Eifer und Opfer sollen überdies nicht mehr der Volksschule, sondern, wofür ebenfalls bereits erfreuliche thatsächliche Zeugnisse reden, ebenso energisch den höhern und höchsten Schulen, und namentlich diesen gewidmet werden. Aber man soll nicht glauben, daß damit alles, oder doch das Wichtigste gethan sei. Das gleich wichtige Ziel, das nicht ohne das erstere, sondern mit ihm zugleich zu erstreben ist, bleibt die evangelische Erneuerung derjenigen großen Institutionen, welche das ganze Leben des Volkes umfassen, nämlich der Kirche und des Staates mit allen ihren Gliederungen und Ordnungen, welche in das Leben der Familien und in alle Kreise des so in sich zerfallenen gesellschaftlichen und geselligen Lebens hineinwirken."

Diese „evangelische Erneuerung", welche damals gewünscht wurde, kann man sich leicht in ihren Zielen vergegenwärtigen. Es war damals die Zeit der höhern Strenggläubigkeit, welche den Rabbinern nicht einmal den Zutritt zu ihren, im Gefängniß befindlichen Glaubensgenossen gestatten wollte; es war jene Zeit, in welcher mancher sich berechtigt glaubte, Juden mittelst der Gefängnißbouche zu taufen.

An derselben Stelle des Festbüchleins sagt Dr. Wichern:

„Wie soll ein Wissen von göttlichen Dingen im Gemüth eines christlich unterwiesenen Kindes haften, wenn es in eine Welt hinausgetrieben werden muß, die von Gewissen viel redet, aber ohne Gewissen ist, wo eine Literatur nach unten und oben und eine Wissenschaft in den höchst Gebildeten souverain geworden sind, die verdeckt und unverdeckt, bewußt und unbewußt mit ihrer Macht und ihrem Einfluß das junge Glaubensleben, wenn es wirklich schon begonnen, wie mit ehernem Fuß unbarmherzig zerstampfen?"

Heißt das etwas Anderes, als die auch von Stahl geforderte Umkehr der Wissenschaft? 1856 sprach Dr. Wichern noch mit Vorliebe von der Zerrüttung in unseren obrigkeitlichen und kirchlichen Verhältnissen, deren Fortschritte in unerwarteter Weise durch die Regentschaft gehemmt wurden. 1856 kündigte das Festbüchlein (S. 472) noch die Bildung eines corporativen religiösen Lebens als eine Pflicht der evangelischen Kirche an. 1856 erfuhren wir, daß die Gemeinschaft der Brüderschaft nach der Entsendung bleibt, und in der möglicherweise isolirten Stellung recht eigentlich ihre Bedeutung bekommt und ihre bindende Stärke übt, daß kein Rauhhäusler-Bruder sich selbst um ein Amt bewerben darf, sondern daß Alle vom Rauhen Hause ihren Berufsweg erhalten. 1856 durfte kein Bruder ohne Einwilligung des Vorstehers das ihm übertragene Amt aufgeben, wenn er nicht gleichzeitig die Ordnung der Brüderschaft lösen wollte (Festbüchlein S. 479). Damals ging endlich die Anspruchslosigkeit der Brüder soweit, wie sie im Festbüchlein S. 479 in einer Note ausgedrückt ist:

„Eine neuere Bestimmung ist im Interesse der Sache und der Brüder, daß die betreffenden Behörden (!!) und Vorgesetzten bei Ueberlassung(!) eines Bruders sich verpflichten für den Fall, daß sie den Bruder entlassen wollen, zuvor mit Angabe der Gründe dem Vorsteher der Brüderanstalt die Anzeige machen."

Noch einmal also: Man vergesse niemals die Jahreszahlen beim Studium dessen, was das Rauhe Haus will oder schreibt; man vergesse nicht, daß der augenblicklichen Veränderung der Brüderordnung andere folgen können, wie dem Fuchspelz die ausfallenden Sommerhaare durch den Herbst ersetzt werden. Wenn wir erfahren, daß gegenwärtig keine Einmischung in das Amt der Brüder stattfinden soll, so ist das etwas höchst Gleichgültiges, so lange Dr. Wichern gleichzeitig an der Spitze des preußischen Gefängnißwesens wirkt. Niemand außer den Selbstmördern intervenirt gegen sich selbst.

Wir bekennen unser Vorurtheil offen, indem wir sagen: Gestützt auf die Erfahrungen anderer Länder, gewarnt durch hervorragende Männer, würden wir in der Sprache des Festbüchleins und der Brüderordnung von 1858 allein Bedenken gegen die Verwendung der Brüder im preußischen Strafanstaltsdienste gefunden haben. Jede Vorsicht ist ein Vorurtheil in gewissem Sinne.

Allein, wir glauben mit diesem Bekenntniß keinen Anspruch auf die Anerkennung unserer Gegner zu haben, keine andere Forderung begründen zu können, als die Mahnung, die Angelegenheiten der Brüderschaft im Auge zu behalten.

V.

Bei der Entscheidung darüber, was in Gefängnißfragen geschehen, was unterbleiben soll, muß man sich vor allen andern Dingen darüber klar werden, welche Beweismittel verwendbar sind, und welcher Werth ihnen im Allgemeinen zukommt. Es giebt kaum ein Gebiet der Staatsverwaltung, auf welchem so große Verschiedenheiten der Auffassung hervortreten, so scharfe Gegensätze mit einander kämpfen wie im Gefängnißwesen. Rein persönliche Ansichten, bloße Meinungen haben daher hier einen geringeren Werth, als anderswo; es sei denn, daß dieselben Schlußfolgerungen allgemein anerkannter Thatsachen sind. Schon in der Feststellung dieser Thatsachen zeigt sich aber gewöhnlich die Leidenschaft und der übertriebene Eifer derjenigen, welche, von einer vorgefaßten Meinung ausgehend, an die Beschaffung der nur für sie dienlichen Beweismittel herantreten.

Wir können die Frage nicht umgehen, aus welchen Quellen das Urtheil des Richters bei streitigen Gefängnißfragen geschöpft werden soll.

1. Zunächst pflegt man auf die amtlichen Berichte zu verweisen. Es ist ein nicht zu leugnendes Verdienst, daß in den „Mittheilungen aus den amtlichen Berichten über die zum Ministerium des Innern gehörenden Königlich Preußischen Straf- und Gefängnißanstalten, betreffend die Jahre 1858, 1859, resp. 1860," welche in Berlin im Laufe des Jahres 1861 erschienen sind, ein Anfang gemacht worden ist, um das bisherige Dunkel in einer dem öffentlichen Interesse so nahe liegenden, ja vom öffentlichen Interesse abhängigen Sache zu lichten. Aller Anfang ist aber schwer. Wir sind nicht geneigt, aus dem Vorhandensein von Mängeln jenen Mittheilungen einen Vorwurf zu machen. Daß aber zahlreiche und erhebliche Mängel vorhanden sind, hat Mittermaier nicht nur behauptet, was von seiner Seite schon immer beachtenswerth sein würde, sondern durch den Hinweis auf die amtlichen Berichterstattungen des Auslandes ausführlicher in einem Aufsatze der „Strafrechtszeitung" begründet.

Zunächst sind jene amtlichen Mittheilungen aus dem Königlich Preußischen Ministerium des Innern nur Auszüge aus den Originalberichten der Anstaltsdirectoren, Geistlichen und Aerzte, wobei gar nicht ersichtlich ist, wieviel der Ausziehende weggelassen hat. In allerredlichster Weise wird aus den Berichterstattungen der unteren Organe dasjenige fortgelassen, was entweder unwesentlich oder zur Mittheilung aus amtlichen Gründen ungeeignet erscheint. Zur Wahrheitsermittelung verhält sich ein derartiges Verfahren gerade ebenso, wie ein Referat aus geschriebenen Acten im alten schriftlichen Inquisitionsprozeß zu der lebendigen Aussage eines anwesenden Zeugen. Immer kommt dasjenige in solcher Darstellung zur Geltung, was dem Berichterstatter am wichtigsten erscheint, d. h. im vorliegenden Falle: die Gesangbücher, welche in den einzelnen Anstalten eingeführt sind, die Anzahl der Communionen, der nachtheilige Einfluß, den die Ehescheidungen auf die Moralität in Preußen üben, die Vertheilung der Bibeln. In den amtlichen Mittheilungen sind es nicht die Directoren, sondern die Geistlichen, welche den ausgedehntesten Stoff zum Excerpiren darboten. Man kann sich davon leicht überzeugen. Unter der Strafanstalt Brandenburg finden wir beispielsweise die Krankenzahl nur für 1859 angegeben, während wir für 1858 und 1859 die Zahl der Abendmahlsempfänger erfahren. Da Herr Wichern Oberconsistorialrath ist und die theologische Doctorwürde besitzt, so kann es Niemand auffällig finden, wenn er der Seelsorge in den Strafanstalten eine größere Aufmerksamkeit zuwendet, als ein Mediziner oder ein Jurist in gleicher amtlicher Stellung thun würde.

Selbst wenn aber von dieser unangemessenen Methode des Excerpirens abgesehen würde, selbst wenn die Berichte der Strafanstaltsdirectoren unverändert veröffentlicht würden, dürfte man vorläufig nicht darauf rechnen, alles dasjenige zu erfahren, was wissenswerth ist. Einmal liegt es nicht im Wesen unserer gegenwärtigen politischen Entwickelungsstufe tadelnde Urtheile über amtliche Angelegenheiten und Verbesserungsvorschläge veröffentlicht zu sehen. Einige Ausnahmen kommen allerdings vor, z. B. in Betreff der Polizeiaufsicht über Entlassene und der Collectivhaft, welche in den amtlichen Berichten leiser oder lauter getadelt werden; zufällig sind dies aber Dinge, worüber die Anschauungen des Dr. Wichern längst bekannt geworden sind. Ihm kommt es darauf an, theils die Kirche, theils die Brüderschaft, theils Gefängnißvereine für die Beaufsichtigung Entlassener zu verwenden; ebenso wie er bekanntlich ein eifriger und unbedingter Vertheidiger der Einzelnhaft in ihren strengsten Formen ist.

Könnte nun, fragen wir, irgend ein Preußischer Gefängnißdirektor, Angesichts des Dr. Wichern, seines dienstlich Vorgesetzten und gleichzeitigen Oberconvictmeisters, amtlich gegen die Brüderschaft und deren Verwendung im Strafanstaltsdienst berichten, auf das Gefährliche einer solchen Einrichtung aufmerksam zu machen? So lange, als er nicht an Hallucinationen leidet oder nicht den Wunsch hegt, ins Privatleben zurückzutreten, wird ein Gefängnißdirector seine Worte wägen, sein Urtheil zurückbehalten, welches ohne Unterstützung ganz stringenter, fast niemals zu beschaffender Beweismittel sehr leicht als Unverträglichkeit mit einer achtungswürdigen Beamtenklasse erscheinen könnte. Wir meinen natürlich nicht, daß Dr. Wichern seinerseits dem Ausdruck persönlicher Ueberzeugung seitens seiner Amtsuntergebenen irgendwie entgegentreten könnte. Wir behaupten nur, daß man einem untergeordneten Beamten welcher gegen die notorischen Ueberzeugungen seines Vorgesetzten berichten soll, schwerlich eine ungerechtfertigte Scheu und Zurückhaltung benehmen wird.

Wäre aber nun wirklich jemand vorhanden, dessen Charakter an das Heroische streift, so darf man bezweifeln, ob nach den gegenwärtig geltenden Verwaltungsgrundsätzen ein amtliches Gutachten gegen die Brüder zur Oeffentlichkeit gelangen würde. Eine solche Veröffentlichung würde geradezu unerklärlich erscheinen.

Was die Brüderschaftsangelegenheiten betrifft, so entbehren die Berichte des Ministeriums derjenigen Vollständigkeit, welche wünschenswerth ist. Wer sollte auch über die „Familienangelegenheiten" der Brüder berichten? Ist dazu irgend ein Nichtbruder im Stande? Wir bezweifeln keine einzige der amtlich mitgetheilten Thatsachen; allein, wo der amtliche Berichterstatter des Ministeriums Urtheile fällt, da wird man sich daran erinnern, daß Dr. Wichern Oberconvictmeister ist, welcher sein Leben — bevor er in den Preußischen Staatsdienst trat, der inneren Mission ausschließlich widmete, welcher noch gegenwärtig oberster Vorstand der Brüderschaft ist, und welcher so scharfblickend für die Vorzüge der Brüderschaft ist, wie wenige außer ihm.

In der That enthalten die „amtlichen Mittheilungen", welche vor unsrer gegen die Brüderschaft gerichteten Schrift bereits veröffentlicht waren, wenig Thatsächliches, was als Grundlage eines Gesammturtheils über die Brüderschaft gelten könnte.

2. Die Aussagen der Gefängnißdirektoren und Gefängnißbeamten, welche nicht in die Oeffentlichkeit gelangen, sondern meistentheils nur im persönlichen Verkehr vollkommen vertrauenswürdigen Personen zugänglich werden. Im Einzelnen kommt es darauf an, den

Werth solcher Mittheilungen an ihrer Unparteilichkeit, an der Fähigkeit des Beobachtenden und an der Aufrichtigkeit der Mittheilungen zu messen. Von dem gegenwärtigen Direktor der Strafanstalt zu Moabit wissen wir weiter nichts, als daß er früher zu Zeiten einer Epidemie in der Strafanstalt zu Wartenburg fungirte und daß Dr. Wichern gelegentlich einer Dienstreise in Naugard sein Gevatter wurde; Umstände, welche mit seiner gegenwärtigen Stellung nicht unmittelbar zusammenhängen, wohl aber ein besonders nahes persönliches Verhältniß zu der Brüderschaft erkennen lassen, von welcher auch andre Mitglieder im Verhältniß der Gevatterschaft zu Herrn Wilke stehen. Der frühere Direktor in Moabit, Herr Schück befindet sich gegenwärtig in Breslau, wohin er 1860 versetzt wurde, wie wir auf Grund einer den Versicherungen jedes Ministers gleichstehenden Quelle behaupten, weil er mit der Brüderschaft in Moabit ungünstige Erfahrungen machte, die ihm eine Anerkennung seiner Verdienste, das heißt eine Versetzung zuzogen. Sobald man nicht die officielle Motivirung einer Versetzung mit der Veranlassung derselben verwechselt, sobald man erwägt, daß hier und da Minister, welche zu Verräthern am bestehenden Recht wurden, später in ungünstigen Zeiten mit Gehalt, Orden und Anerkennung in den Ruhestand versetzt wurden, wird man uns erlauben, hiermit förmlich noch einmal unsere Behauptung zu wiederholen, deren Quelle wir aus Schicklichkeitsgründen nicht benennen. Allein gleichviel, von Seiten der Brüderschaft hat man sich in allen Entgegnungen auf das Zeugniß des Herrn Schück berufen. Wir acceptiren dessen uns vorgeschlagenes Zeugniß und verweisen auf die kürzlich von Herrn Schück herausgegebene Schrift: Die Einzelnhaft und ihre Vollstreckung in Bruchsal und Moabit. Leipzig 1862. Mit schonender Rücksicht, in maßvoller Sprache, und im Gefühl seiner noch gegenwärtig amtlichen Stellung hat Herr Schück werthvolle praktische Erfahrungen über die Brüderschaft dargeboten.

3. Die Zeugnisse Besuchender. Unter diesen können nur die Beobachtungen solcher Personen eine Autorität beanspruchen, welche wie Mittermaier und Röder jahrelang der praktischen Gefängnißkunde ihre Aufmerksamkeit zuwenden. Es ist völlig werthlos, sich auf diejenigen zu berufen, welche einmal, zweimal oder selbst Tage und Wochen lang eine Strafanstalt besuchen. Wir zweifeln nicht, daß Einige unter den Besuchern sehr vortheilhafte Eindrücke empfangen, sobald sich ihre Wahrnehmung auf das Jedermann Zugängliche, auf einige Unterhaltungen mit der Brüderschaft oder Anfragen an detinirte Gefangene beschränkt. Solche Leute besitzen häufig literarische Eitelkeit genug, ihr Urtheil öffentlich auf-

zutiſchen, obwohl ſie erkennen ſollten, daß daſſelbe bei erfahrenen Fachmännern nur den Werth einer gut gemeinten Dienſtfertigkeit und Gefälligkeit an ſich trägt. Prof. Röder berichtet in ſeinem der National-Zeitung (Nr. 341) einverleibten Artikel, daß andre, ſehr zuverläſſige und fromme Beſucher ſchon bei flüchtiger Beobachtung einen ungünſtigen Eindruck von Moabit empfingen. Wir legen darauf kein großes Gewicht. Nach der einen wie der andern Seite ſind dies keine vollgültigen Sachverſtändigen-Beweiſe. Von dem Beſuch in Moabit darf man kein durchgreifendes Urtheil erwarten, ſo lange nicht gewiſſen, vertrauenswürdigen, der Brüderſchaft entfernt ſtehenden Perſonen das Recht des Gefängnißbeſuches zu beliebiger Zeit, unabhängig von der Genehmigung der Gefängnißbehörden und von jeder Führerſchaft im Innern der Strafanſtalt gegeben wird. Nur ein Berliner Schuhmachermeiſter, Herr Kafka, beſitzt unſeres Wiſſens dieſes werthvolle Recht, auf Grund einer Königlichen Kabinetsordre.

4. Die Zeugniſſe entlaſſener, aus der Brüderſchaft freiwillig ausgetretener Perſonen, ſobald kein Grund der Parteinahme ermittelt werden kann und

5. Die Zeugniſſe entlaſſener Sträflinge, welche durch ihre Bildung, durch den mit Glaubwürdigkeit verträglichen Charakter des ehemals begangenen Verbrechens und durch ein mangelndes Intereſſe der Unwahrheit zu einer glaubwürdigen Ausſage befähigt werden. Alle jene Gründe, welche meiſtentheils der Glaubwürdigkeit eines noch detinirten, auf Begnadigung rechnenden Verbrechers entgegenſtehen, dürfen auch bei entlaſſenen Gefangenen nicht verhanden ſein.

Mehreren vollkommen glaubwürdigen Perſonen, welche in Moabit beſtraft wurden, verdanken wir zuverläſſige Mittheilungen. Zuverläſſig nennen wir dieſelben deswegen, weil wir durch die übereinſtimmende Auslaſſung mehrerer, mit einander unbekannter, getrennt von einander verhörter Zeugen dazu gelangt ſind. Wir wiſſen im Voraus, daß man die Richtigkeit unſerer thatſächlichen Anführungen ſicher beſtreiten wird und bedauern deswegen, die Namen unſerer Zeugen nicht nennen zu dürfen, ſofern es ſich nicht um eine amtliche Unterſuchung der Verhältniſſe in Moabit handeln ſollte.

Deswegen bemerken wir, daß wir jede, ſelbſt amtliche Beſtreitung unſrer thatſächlichen Anführungen nur als eine Beſtreitung, nicht als eine Widerlegung gelten laſſen können. Am allerwenigſten wird ein Vernünftiger darauf Gewicht legen, wenn eine der Brüderſchaft angehörige Perſon in Sachen der Brüderſchaft für eine Genoſſenſchaft, unter beren Regel und Gehorsam sie steht, Zeugniß ablegen sollte. Nur die Orthodoxie eines hiesigen theologischen Blattes legte bisher das wunderbar glaubensmuthige Bekenntniß ab: daß in Sachen der Brüderschaft ein Bruder am besten und zuverlässigsten Aufklärung geben könne.

Wir selbst beanspruchen vorläufig nur die Eigenschaften eines nach bestem Wissen und Gewissen handelnden Anklägers. Wir fordern aber auch, daß die Auslassungen der Brüderschaft und der auf ihrer Seite stehenden Tagesblätter für nichts weiter genommen werden, als für bloße Auslassungen der angeschuldigten Partei.

In vielen Punkten liegt das urkundliche und beweisfähige Material spruchreif vor den Augen der Oeffentlichkeit. Wo wir unserer Beweismittel nicht gedenken dürfen, da beruhen die weiteren thatsächlichen Anführungen auf:

der völligen Uebereinstimmung zweier ehemaliger Brüder, ferner zweier entlassener, ausnahmsweise gebildeter Sträflinge, deren geistigen Rang wir im Anhang veranschaulichen werden, eines Gefängnißdirektors, (welcher nicht Herr Schück ist) und zweier anderer Personen, welche in der Lage sind, über Alles, was in der Brüderschaft vorgeht, die genaueste Kenntniß zu haben, also auf der völligen Uebereinstimmung aller dieser nicht in Beziehung zu einander stehender sieben Personen.

VI.

Von dieser Führerschaft geleitet begeben wir uns nach Moabit.

Auf dem Wege dorthin ergreift uns die Erinnerung an zwei hochstehende Männer, welche, weil sie der kirchlich übertriebenen Richtung nicht angehören, gewöhnlich als Defensionalzeugen der Brüderschaft citirt werden. Es wird häufig wiederholt, daß der Staatsminister Flottwell und der Freiherr von Bunsen sich günstig für die Brüderschaft ausgesprochen haben. Ihre Zeugnisse gehören noch der ersten Seminarperiode des Rauhen Hauses an, das heißt, sie fallen in die Zeit vor 1845. Keinen Augenblick bezweifeln wir, daß das Urtheil dieser Herren über die innere Mission unverändert dasselbe geblieben ist, oder daß Bunsen bis zu seinem Tode ungeachtet aller ihm widerfahrenen, von der kirchentäglichen Richtung ausgehenden Unbilden seine Ansicht beibehalten haben mag. Allein unbestreitbar ist es, daß jene günstige Meinung sich ganz und gar nicht auf die gegenwärtigen in Moabit bestehenden Convicteinrichtungen und auf eine corporative Wirksamkeit der Brüderschaft in den Strafanstalten des Staates bezog. Daß sich Herr Flottwell auch damit einverstanden erklärt hat, ist uns bisher nicht bekannt geworden.

Die Convicteinrichtungen in Moabit sind erst getroffen worden, nachdem Dr. Wichern und die Brüderschaft in pleno zur Einführung der „Pennsylvanischen" Haft 1856 nach Preußen berufen waren. Am 2. Dezember 1856 schreibt Dr. Wichern an 38 in Moabit installirte Brüder: „Nach Neujahr wollen wir in Moabit Convicteinrichtungen treffen!" Erst seit 1857 bestehen in Preußischen Strafanstalten diese Convicteinrichtungen, deren Wesen wir nach der Brüderschaftsordnung von 1858 mitgetheilt haben. Mit Beziehung auf sie schreibt Dr. Wichern später im VIII. Rundschreiben vom 22. Dezember 1857:

„Ich wiederhole übrigens, daß diese Convicteinrichtungen strenge einzuhalten sind, da deßfallsige Willkür nur störend einwirken kann und ihr gewehrt werden muß."

Inzwischen sind wir an der Eingangspforte von Moabit angelangt. Die Direktorialwohnung liegt zur linken Hand derselben. Indem sich unser Blick derselben zuwendet, fragen wir uns unwillkürlich, welches in einer großen Strafanstalt wie Moabit die Stellung des Direktors zu jenen 38 durch strenge Convictordnung gebundenen Subalternbeamten sein mag.

Findet er bei ihnen denselben freudigen Gehorsam, dieselbe Subordination, wie bei andern Untergebenen? Kann er darauf rechnen, daß seine Anordnungen unbehindert von corporativen Anschauungen einer Genossenschaft ganz und gar in seinem Sinne und nach seinem Plane ausgeführt werden? Ist es für die Anordnungen des Vorgesetzten gleichgültig, ob in regelmäßigen Versammlungen der Subalternen, nach vorangegangenem Gebete, sein Wille zu einem Gegenstande der Kritik gemacht wird?

Wir fürchten, daß die leitende Energie des Direktors gegenüber 38 Männern, die in einer bleibenden Ordnung und in der einen Gesinnung desselben Glaubens verbunden sind, welche nach Außen hin gleichzeitig einer Regel und Gehorsam fordernden Genossenschaft angehören, erheblich abgeschwächt werden kann.

Wir wissen sogar, daß während der Amtsverwaltung des Direktor Schück, hinter dem Rücken desselben dienstliche Angelegenheiten in den Convictversammlungen besprochen wurden, ohne daß der Direktor davon Kenntniß erlangen konnte. Eine solche Mißgestalt in der amtlichen Einrichtung preußischer Strafanstalten war vielleicht niemals vorher gesehen worden. Augenblicklich gehört dieselbe der Vergangenheit an, seitdem Herr

Wilke die Direktion der Moabiter Strafanstalt übernommen hat. Ob die gegenwärtige Abänderung auf einem ganz besonderen Vertrauen in die Person des Direktors beruht, oder in der Erkenntniß der Gefährlichkeit einer solchen, den Direktor von den Berathungen seiner Untergebenen ausschließender Maßregel, wissen wir nicht anzugeben. Daß eine solche Einrichtung auch nur einen Monat lang in den Preußischen Strafanstalten geduldet werden konnte, scheint schon auffällig genug. Man stelle sich als Gegenbild dazu vor, daß die Registraturbeamten eines großen Gerichtes innerhalb der dem Staat gehörigen Räumlichkeiten eine geheime Versammlung halten, beispielsweise als Irvingianer gewisse Gebete verrichten und dann unter Ausschluß ihrer Vorgesetzten und unter fernerem Ausschluß ihrer nicht Irvingianischen Collegen über Amtserfahrungen und dienstliche Angelegenheiten berathschlagen, Protokolle aufsetzen und an eine fremde Person expediren wollten! Müßte nicht der Preußische Staat eine irvingianische Theokratie geworden sein, bevor man dergleichen dulden könnte?

Bis auf die fremde Person (da der an und für sich fremde Oberconvictmeister gegenwärtig vortragender Rath in Preußen ist) gilt unser Gegenbild vollkommen: Im Inneren der Moabiter Anstalt, in den dem Staat gehörigen Räumlichkeiten halten Brüder des Rauhen Hauses Versammlungen ab, von welchen noch gegenwärtig ihre Collegen, die nicht Brüder sind, ausgeschlossen bleiben, von welchen ehemals der Direktor Schück entfernt gehalten wurde, und entfernt gehalten werden mußte, weil die Brüderordnung die Theilnahme Fremder an den Convictversammlungen nicht duldete.

An diese Convict- und Brüderversammlungen dachte wahrscheinlich Direktor Schück, als er in einer von uns citirten Schrift S. 123 sagte:

„Es darf keine zweite Autorität zwischen dem Direktor und den unter ihm dienenden Beamten treten, soll nicht seine Thätigkeit vollständig gelähmt werden."

„Aber es handelt sich in jenen Versammlungen nur um Familienangelegenheiten der Brüder! um Angelegenheiten, welche Andere nichts angehen." Auf diese mögliche und wahrscheinliche Bemerkung der Brüder antworten wir im Voraus mit der weiteren Frage: Wer bestimmt denn die Grenze zwischen Gefängnißsachen oder Dienstangelegenheiten und zwischen Familiengeschichten der Brüder, welche ja ihr ganzes Leben dem Dienst an den armen Gefangenen zum Opfer gebracht haben? Wer bestimmt die Grenze zwischen dem concreten Amt und der phantastischen Phrase, welche die 38 Brüder als eine „Familie" bezeichnet? Wer entscheidet über den

Gegenstand der Verhandlung in den Brüderversammlungen? Die Brü-
berschaft selbst.

Wenn man die 38 Brüder in Moabit eine Familie nennt, so sollte
man dieselbe wenigstens als eine reichs unmittelbare Familie bezeichnen!
Unsere Quellen unterrichten uns zufällig von dem, was man hier
und da Familiensache nennt. In den Brüderversammlungen zu
Moabit kommt beispielsweise zur Sprache:
wie man auf die Angriffe gegen die Anstellung der Brüder sich ver-
halten soll, welche Lobeserhebungen dem Geistlichen gemacht werden sollen,
welcher eine Broschüre zu Gunsten der Brüderschaft geschrieben hat, welche
Bezeichnungen für Prof. Röder in Heidelberg wegen der von ihm verfaßten Artikel gegen die Brüderschaft passend sind. Es kommt ferner zur
Sprache, welchen Erfolg die Kammerrede des Dr. Wichern mit Bezug auf
die Einzelnhaft in Preußen gehabt hat, die Dauer der in Einzeluhaft zu
verbüßenden Freiheitsstrafen, die Begnadigung der Gefangenen und Anderes, was wir denjenigen zu Liebe, welche uns der „Verschweigung mancher die Brüderschaft betreffender, zu ihrer Beurtheilung dienlicher Dinge"
anklagen, auch hier noch einmal verschweigen wollen.

Gestützt auf die vorläufigen Brüderordnungen von 1858 und ohne
Beziehung zu Moabit fragen wir weiter:
Wie ist mit der Einheit des Dienstes, mit der durchgreifenden Wirksamkeit irgend eine Strafanstaltsdirektion verträglich die S. 126 derselben
vorgeschriebene „Berichterstattung über tiefer eingreifende Ereignisse,
welche die Berufsarbeit betreffen?" wird nicht der für Preußen vorgeschriebene Weg der Correspondenz durch die vorgesetzten Instanzen
hierdurch umgangen? ist niemals an Dr. Wichern über den Direktor
Schück durch irgend eine der Brüderschaft angehörige, in Moabit ange-
stellte Person berichtet worden? Was hat es zu bedeuten, wenn über
wankende Brüder, welche anfangen, kund werdendes Aergerniß zu geben
an den Vorsteher der Brüderschaft sofort Kunde gegeben werden soll,
wenn alle Angelegenheiten, welche Mitglieder der Brüderschaft betreffen,
brüderlich, ohne Aergerniß nach Außen hin erledigt werden sollen?

Unserem Urtheile, welches sich darauf stützt, daß wir eine Zeit-
lang die Ehre hatten, Beamter in der richterlichen Laufbahn zu sein, scheint
die Unverträglichkeit und die Unerträglichkeit solcher Vorschriften einleuchtend.
Andere Männer, welche gewohnt sind das dem Dr. Wichern persönlich
gespendete Vertrauen auf alle seine Schöpfungen zu übertragen, werden sich
damit trösten, daß naheliegende oder mögliche Mißbräuche keine wirklichen
Störungen sind. Die Brüder endlich werden antworten, daß alle jene

Bestimmungen der Ordensregel die Verhältnisse dienstlicher Untergebenheit gar nicht alteriren, und die Brüder, welche dabei interessirt sind, verstehen natürlich sehr viel besser über ihre Angelegenheiten zu urtheilen, als wir. Wem es gefällig ist, der mag uns schon jetzt für widerlegt halten.

Zwischen dem Direktor und seinen Untergebenen, welche der Brüderschaft angehören, treten ferner als ein die Autorität gefährdendes Element die Rundschreiben des Vorstehers der Brüderschaft. Nicht daß diese Gefährdung im Entferntesten beabsichtigt oder vorausgesehen zu werden braucht. An alle menschlichen Handlungen knüpfen sich im Laufe der Dinge Folgen an, für welche niemand unmittelbar verantwortlich gemacht werden kann, die aber dennoch zur ernstlichen Vorsicht einladen. Wir haben früher bemerkt, daß in einem Rundschreiben des Kügler'schen Falles mit Hinweis auf die Presse gedacht war, daß sich in diesem Rundschreiben ein bedenklicher juristischer Fehler und Irrthum vorfand. Wenn man diesen Irrthum für einen vereinzelten hält, so kann noch hinzugefügt werden, daß sich in demselben XIII. Rundschreiben S. 2 in der Note unter dem 8. Dezember 1859 bemerkt findet:

„So eben wird mir mitgetheilt, daß das Gericht" (nämlich das Schwurgericht) „bereits am Freitag den 16ten d. zusammentreten wird. Ich mache aber zugleich darauf aufmerksam, daß dem Verurtheilten noch eine weitere Appellation zusteht, so daß die Sache mit dem ersten Spruch noch nicht erledigt sein wird."

In diesem Falle ergründet Dr. Wichern eine in Preußen für Schwurgerichtsfälle nicht vorhandene Appellationsinstanz. Man erkennt hieraus, welcher Art die „Familienangelegenheiten" sein können, und daß thatsächlich Irrthümer juristischer Art verbreitet werden sind in Schreiben, deren Inhalt geheim zu halten ist und daher von Unbetheiligten nicht verbessert werden kann. Wenn es sich schließlich um Differenzen zwischen dem Direktor einer Anstalt, in der die Mitglieder einer Corporation zahlreich vertreten sind, und seinen einzelnen Untergebenen handelt, welches wird alsdann das voraussichtliche Resultat sein?

Kann der Direktor gegen den Einzelnen mit derselben Sicherheit auftreten, wie gegen Nichtbrüder, wenn er weiß, daß seine Handlungsweise ein Echo in den Stimmungen von 30 oder 40 anderen Beamten findet, welche alle derselben Sinnesart sind? Gehört nun gar der Direktor einer etwas anderen kirchlichen Richtung an, wie dann? Sobald die Wahl steht zwischen dem Gehorsam gegen den Direktor und zwischen den Interessen der Brüderschaft — und wer dürfte die Möglichkeit von Conflikten bestreiten — so ist es gar nicht zweifelhaft, auf welche Seite sich der Bruder neigen wird. Er wird sich an diejenigen erinnern, welche ihn „entsendet" haben, denen er Dankbarkeit schuldet, welche ihm bekannt machen, wenn er heirathen darf in seiner Stellung, welche im Stande sind, bei der ganz unglaublichen Nachfrage nach Brüdern in allen Europäischen Ländern, sofort ein neues und vielleicht einträglicheres Amt für ihn zu ermitteln. Der Oberaufseher Kügler wurde, nachdem er aus dem Strafanstaltsdienst und aus der Brüderschaft wegen „Erschießens" in Ueberschreitung einer nicht vorhandenen Nothwehr entlassen war, Hausvater in Delitzsch, woselbst er sich sehr wohl befinden soll.

Gefährdet wird ferner die Autorität des Direktors durch den von Fueßlin in der Strafrechtszeitung hervorgehobenen Umstand, daß auch die Oberaufseher, welche die Vermittlung des direktorialen Willens nach Unten bilden, der Brüderschaft entnommen sind und in Collisionsfällen immer nach Seiten der ihnen untergebenen Brüder gravitiren werden. Endlich wird auch die Wirksamkeit des gegen die untergeordneten Brüder zu übenden Beschwerderechts gefährdet, wenn man weiß, daß amtliche Beschwerden in die Hände desjenigen gelangen, welcher durch „Familienbande" an alle Brüder gefesselt ist, und bei möglichster Unparteilichkeit doch von besonderem Wohlwollen für die Brüder geleitet wird.

Wir brauchen nicht ausführlich zu sein, weil allen Klarsehenden das Mißliche dieser Dinge vor Augen stehen wird. Will eine Regierung Frieden haben zwischen einer Schaar von Brüdern im Innern der Strafanstalten und dem Direktor, so wird sie allemal genöthigt sein, die Persönlichkeit des Direktors nicht nach seinen Fähigkeiten, nicht nach der bewiesenen Einsicht und Festigkeit, sondern nach seiner Nachgiebigkeit gegen ein innerlich abgeschlossenes Subalterncorps, nach seiner Uebereinstimmung mit den religiösen Anschauungen des ihm äußerlich unterzuordnenden Ordens zu wählen. Direktor Schück sprach sich Anfangs begeistert über die Brüderschaft zu uns aus; wie er jetzt denkt, werden wir später sehen. Es bedurfte gewiß vieler Erfahrungen, um sein Urtheil zu modificiren.

Für den Fall, daß die Brüderschaft im preußischen Staatsdienst bleibt, wäre es vielleicht wünschenswerth eine Anzahl von Auscultatoren oder Referendarien bei der Brüderschaft aufnehmen zu lassen, damit sie zu künftigen Strafanstaltsdirektoren im Sinne des Ordens heranwachsen können. Ein Auscultator F. trat wirklich in die Brüderschaft hierselbst vor längerer Zeit ein. Später fand er seine Erwartungen getäuscht, sich selbst in einer wenig ansprechenden Abhängigkeit von den Convicteinrichtungen. Er schied darauf aus, nachdem ihm das Versprechen abgenommen worden, schweigen zu wollen. Man wolle sich bei ihm über die Gründe seines Austritts näher unterrichten.

VII.

Angenommen, es gelänge jedesmal der Regierung auf Vortrag eines Mannes, der gleichzeitig Referent in Gefängnißsachen und Oberconvictmeister ist, diejenige Persönlichkeit ausfindig zu machen, welche mit der Brüderschaft die Pflichten des Direktorenamts in Einklang zu halten versteht, so entsteht eine neue Schwierigkeit in dem Verhältniß corporativ organisirter Brüder zu anderen, in derselben Strafanstalt wirkenden Beamten anderer Art.

Ein Nebeneinanderwirken der Brüder mit Nichtbrüdern besteht in Moabit.

Nicht zur Genossenschaft gehören der Direktor, ein Geistlicher, der Arzt, der Heildiener, der Rendant, der Arbeitsinspektor, der Hausvater.

Was denkt nun die Brüderschaft von diesen Beamten? Wir erfahren, daß nach den Brüderordnungen das Interesse anderer dem Rauhen Hause verwandter Genossenschaften kräftig von den Brüdern gefördert werden soll, daß aber bei eintretenden Vacanzen jeder Bruder dahin wirken soll, daß womöglich niemand aus einem andern Bruderhause berufen werden soll. „Diese Regel soll dazu dienen, sonst unvermeidliche Conflikte zwischen den Verwaltungen und Ordnungen verschiedener Genossenschaften zu verhindern." So heißt es wörtlich!

Sind nun diese bei gleichgesinnten Corporationen schon vorausgesehenen Conflikte bei Beamten, welche gar keiner Genossenschaft angehören, und welche vielleicht ganz verschiedene religiöse Ueberzeugungen hegen, weniger wahrscheinlich? Wird die organisirte Masse der Brüderschaft den Einzelnen gegenüber mit einem Male verträglich sein, nachdem sie, um ihren verwandten Standpunkt anderen Corporationen gegenüber streng behaupten zu können, jede Berührung thunlichst vermeiden will? Nur eine völlig blinde Vorliebe für Alles, was Bruder heißt, dürfte den Muth finden, hierauf: Ja! zu antworten.

In Wirklichkeit ist die Stellung der Nichtbrüder in Moabit sehr bedenklich! Wir können uns nicht zum Advokaten vorhandener Beschwerden machen. Man erlaube uns aber dasjenige zu wiederholen, was uns als Gerücht gemeldet worden. Nicht um unerwiesene Dinge aufzutischen, geben wir dasselbe wieder, sondern weil nach allen Regeln des Processes ein von glaubwürdigen Personen wiederholtes Gerücht eine vorläufige Anzeige der Wahrheit ist, und weil das Vorhandensein eines derartigen Gerüchtes, welches von unsern 7 Zeugen bestätigt wird, an und für sich bezeichnend genug ist für die Zustände in Moabit.

Unter den nichtbrüderlichen Beamten behauptet man also: es werde in den Brüderversammlungen über die einzelnen Nichtbrüder Gericht gehalten und Kritik über ihre amtliche Wirksamkeit geübt, es sei in Privatbriefen der Brüder an die vorgesetzten Brüderinstanzen über die anderen Beamten Bericht erstattet, es sei von Zeit zu Zeit die Versetzung eines oder des anderen nichtbrüderlichen Beamten sogar amtlich beantragt worden, es herrsche unter allen angestellten Nichtbrüdern das allgemeine Gefühl der Unsicherheit in Beziehung auf ihre Stellung!

Was diesen letzteren Punkt betrifft, so finden wir eine solche Befürchtung erklärlich, wenn wir die Ansichten des Dr. Wichern über die Vorzüge kirchlicher Genossenschaften im Strafanstaltsdienste als bekannt selbst bei den Nichtbrüdern voraussetzen. In den amtlichen Berichten des Dr. Wichern über Moabit heißt es:

„Die Brüderanstalt hat sich demnach verpflichtet, fort und fort die geeigneten Männer zu stellen, da der Dienst nicht so vielen Einzelnen, sondern der Genossenschaft übertragen ist, so daß sich bei etwaigen Abgängen der Kreis immer aus sich selbst wieder ergänzt und dadurch die Einheit des Geistes in Ausführung des Dienstes gewahrt wird." Nachdem dem Geiste der Brüderschaft auf S. 291 der amtlichen Berichte reichliches Lob gespendet worden ist, heißt es von den übrigen Beamten:

„Nicht dankbar genug kann hervorgehoben werden, daß sie (die Brüder) darin nicht minder von allen übrigen Beamten ohne Ausnahme, als insbesondere auch von den bisherigen Direktoren auf's Liebreichste unterstützt worden sind und noch unterstützt werden." Im Allgemeinen wird sich also unter den dortigen Verhältnissen der Werth aller in der Minderheit befindlichen nicht zur Brüderschaft gehörigen Beamten immer nach der „Unterstützung" der Brüderschaft richten müssen.

Nicht nur die Preußischen sondern alle deutschen Gefängniß-Subalternbeamte, welche ehemals Militärs waren, müssen im Innersten betroffen und in ihren Amtserfüllungen bedenklich werden, wenn sie erfahren, daß Dr. Wichern 1857 auf dem Wohlthätigkeitscongreß zu Frankfurt die Brüderschaften für ausschließlich befähigt erklärte, den Dienst an Gefangenen im wahren Geiste zu leisten, wenn sie seine Worte lesen, welche Schück aus mehreren im Jahre 1859 gehaltenen öffentlichen Vorträgen zusammenstellt:

„Die ihrer Idee entsprechende Vollstreckung der Freiheitsstrafen fordert auch ein eigenthümlich freies Zeugniß der christlichen Gemeinde an den Gefangenen. Dies Zeugniß, diese innere Bezeugung, diese heiligste Kundgebung der Gemeinde an die Gefangenen erkennen wir in nichts Geringerem, als in dem Opfer der Freiheit zum Dienste der Gefangenen, in der Gefangengebung der Liebe für sie und an sie selbst persönlich. Wir hoffen die Bildung von Genossenschaften, die wirklich ihr Leben im Dienste der Gefangenen darzubringen bereit sind."

Dem Dr. Wichern schwebt, wie wir glauben, ein Ideal vor, ein Ideal, welches ihn zu jenen zahlreichen Lobeserhebungen über die Brüder, welche namentlich in der Singakademie zu Berlin anläßlich der Berichterstattung über das Johannisstift gehört wurden, berechtigen mag. Alle diese Lobeserhebungen neben lebhaften Protesten gegen jede Werkgerechtigkeit sind aber ungewußt und ungewollt eine Quelle des Hochmuths und der Heuchelei für zahlreiche Brüder, die nicht gewohnt sind, ihre Liebeswerke im Parademarsch öffentlich darstellen zu sehen.

Welchen Eindruck empfängt nun die öffentliche Meinung, und damit rückwirkend die Anschauung der Nichtbrüder aus jenen zahllosen nicht von Dr. Wichern allein ausgehenden Lobpreisungen? Wir wollen einmal an eine nicht preußische Strafanstalt über die Grenze gehen und hören.

Es meldet sich beispielsweise ein alter, tüchtiger Militär um eine Stelle im Strafanstaltsdienst, der vortheilhaft empfohlen, untadelhaft ehrlich ist. Da heißt es denn: Dieser Mann sucht eine Versorgung; er hat Kinder, er kann ja sein Leben nicht drangeben. Man höre nur Dr. Wichern über die Militärs. Gesinnung, wahre christliche Gesinnung fehlt entweder, oder ist doch nicht rite constatirt.

Gleichzeitig mit ihm meldet man einen ehemaligen Kürschnergesellen, 22 Jahre alt, unbrauchbar zum Militärdienst, aber aus dem Rauhen Hause, für dieselbe Stellung an. Sofort ruft nun die Anhängerschaft des Dr. Wichern: Wir haben ihn gefunden; das ist unser Mann, ungehemmt durch Familienbande, handelt er aus reiner Aufopferung, aus christlicher Liebe; er will sein noch junges und noch langes Leben dahingeben an den Dienst der Gefangenen und Leidenden, ein Opfer der Freiheit bringen. Er sei willkommen, da Rauhe Brüder so schwer zu erlangen sind. Die Strafanstaltsdirektion wird sich im Vertrauen auf Dr. Wichern nicht besinnen, dem Sendbruder 250 Thaler zu geben und dagegen in aller Rührung das Opfer seiner Freiheit anzunehmen. Die Flagge des Rauhen Hauses deckt zum Voraus die Contrebande kleiner Fehler!

Später heirathet denn auch dieser Bruder, ohne daß bei ihm, wie bei jenem älteren Militär, die Aufopferungsfähigkeit leidet.

Ueberall hören wir, daß die Brüder von andern Strafanstaltsbeamten sich durch ihre Gesinnung unterscheiden sollen, durch den Geist opferwilliger Liebe.

Wir bedauern, es aussprechen zu müssen, daß diese Ruhmredigkeit ehrliche Gemüther nur erbittern kann. Unserer Ansicht nach hat niemand das Recht, sich seiner Gläubigkeit und Aufopferung zu rühmen, wenn er dieselben Emolumente genießt, wie Andere. Wer sich unter sonst gleichen Verhältnissen und gleichen Vortheilen seiner Standesgenossen gegenüber auf das Vorhandensein besonderer geistiger und religiöser Vorzüge beruft, darf mit gutem Gewissen als ein hochmüthiger Narr oder hochmüthiger Heuchler bezeichnet werden. Bei katholischen Orden und Corporationen sind die Verhältnisse verschieden. Bei ihnen kann man mit Recht, in vielen Fällen, von der „Dahingabe der Freiheit und christlichem Opfermuth" sprechen, wenn Männer und Frauen aus höheren Ständen ihr Vermögen und ihre Stellung dahingebend, dem Dienste der Armen und Elenden sich weihen. Bei der Brüderschaft des Rauhen Hauses, welche ihre Kräfte aus dem kleinen Handwerkerstande zieht, welche ihren Mitgliedern zu einer gesicherten bürgerlichen Existenz verhilft, welche dieselben in amtliche und gewiß social höher gestellte Kreise führt, welche ihnen zum persönlichen Auskommen genügendes Gehalt darbietet und die Aussicht eröffnet, sich im Laufe der Zeit aus den Einkünften des Amtes den Unterhalt der Familie zu gewinnen, eine solche Genossenschaft hat nicht das mindeste Recht von Aufopferung zu sprechen, so lange noch irgend jemand vorhanden ist, welcher bereit ist denselben Dienst gegen dieselbe Entschädigung zu übernehmen. Wessen sie sich rühmen könnte, wäre allenfalls ihre besondere Vorbildung zu bestimmten Zwecken. Was diesen Punkt betrifft, so werden die Ansprüche der Brüderschaft von uns noch geprüft werden.

Von ihrem Standpunkte aus beurtheilt die Brüderschaft den Werth aller Amtshandlungen im Gefängnißdienst nach dem Glauben, aus welchem sie hervorgehen; ein Maßstab, welcher kirchlich berechtigt sein mag, im Staatsdienst aber mit Entschiedenheit zurückgewiesen werden muß, weil er nur zu Unzuträglichkeiten führen kann. Ebenso sehr wie die Kirche bisher nach dem Glauben urtheilte, muß der Staat sich nach den Werken und den amtlichen Fähigkeiten, nach der allgemeinen sittlichen Grundlage des bürgerlichen Lebens richten, wenn er den Werth seiner Beamten prüft. Für den Staat gilt die „Werkgerechtigkeit." Genügt es nun für den nichtbrüderlichen Beamten in Moabit, wenn er nach bestem Gewissen seine Pflichten gegen den Gefangenen und den Staat in liebevoller Weise wahrnimmt? Genügt dies in den Augen der Brüderschaft?

Nein!

In dem Festbüchlein S. XIV belehrt Dr. Wichern die Brüder:

„Daß ich aber keine Liebe ohne Glauben, ohne den sie ein Berauben der Kirche und selbst eine Aftergeburt des Unglaubens und Nichtglaubens wäre, meine, bedarf keiner weiteren Versicherung im Vorwort eines Büchleins, das vom Anfang bis zum Ende ein Zeugniß dieses Glaubens ist."

Ohne den Glauben der Brüderschaft sind die Werke anderer Beamten nur Werke des Unglaubens! Jeder Aufseher protestantischen Bekenntnisses, welcher einer freien Richtung angehört, weiß also, welchen Maßstab die Brüderschaft an ihn legt.

Wir glauben, daß unter solchen Umständen ein gefährlicher Dualismus und eine höchst bedenkliche Gesinnungserforschung in denjenigen Strafanstalten geschaffen werden kann, wo ehemalige Unteroffiziere neben Brüdern wirken. Für beide ist der Dienst ein Amt gegen Entschädigung der Mühwaltungen. Für die einen aber außerdem ein Dienst des Königs, welcher gewissenhaft und ohne Berufung auf göttliche Mission geübt wird, für die anderen „ein Dienst des Herren".

Daß ein solcher Zwiespalt im Innern der Strafanstalten weder gewünscht noch beabsichtigt wird, nehmen wir von vornherein an. Kann aber der Oberconvictmeister mit eben derselben Sicherheit, wie er seinen Brüdern die richtige Aufopferung, den richtigen Glauben an Gott und sich selbst, die Selbstverläugnung vor der Welt anerzieht, in der Abgeschlossenheit des Rauhen Hauses Verträglichkeit gegen Andersdenkende anerziehen? Für ihre Gesinnungen mag der Oberconvictmeister sich selbst verantwortlich machen, für ihre Handlungen gewiß nicht! So wenig hat derselbe Disposition über die außerconvictualen Verhältnisse, daß es ihm nicht einmal gelingt, die Bestimmungen des Preußischen Postreglements über Kreuzbandsendungen durchzusetzen.

In dem Umschreiben vom 22. Dezember 1857 heißt es:

„Da ich überdies diese Schriftstücke als Gedrucktes verschicke, um Ihnen das Porto zu ersparen, darf ich nach dem Postreglement keinen Federstrich hinzufügen. Es sind so viele Brüder, die sich in diese Ordnung nicht finden können, daß ich es immer auf's Neue besonders aufführen muß."

In so einfache und klare Bestimmungen können sich die Brüder nicht finden! und die Preußische Regierung rechnet darauf, daß sie sich der Seelsorge in den Gefängnissen enthalten werden, weil sie nicht besonders dazu berufen sind, und weil sie sich nach ihren Instruktionen auf andre Dinge beschränken sollen. Die Convictordnungen versteht freilich jeder Bruder. Ihre Sprache ist ihm klarer, als diejenige des Postreglements.

Wer sich als Nichtbruder zu den gleichen Werken der Liebe berufen glaubt, wie die Brüder, der macht sich des Vergehens angemaßter Demuth schuldig.

Am 22. Dezember 1857 schreibt Dr. Wichern:

„Die Verzeichnisse werden jetzt vollständig sein. Sie werden daraus ersehen, wer Bruder und wer nicht, und diese Unterscheidung muß durchaus aufrecht erhalten werden. Namentlich in Amerika geht eine Reihe von Personen umher, die sich mit diesem Namen Eingang zu verschaffen suchen, wie auch in Deutschland hier und da dergleichen „Anmaßung" existirt." Daß sich die echte Leinwand des Brüderglaubens gegen halbbaumwollene Stoffe zu behaupten sucht, ist ganz erklärlich. Es ist in Wirklichkeit „Anmaßung" sich für einen solchen auszugeben, welcher im Rauhen Hause Demuth und Feindschaft gegen allerlei Werke des Fleisches gelernt hat. Zu bedauern sind nur diejenigen, welche sich für Brüder des Rauhen Hauses ausgeben, ohne zu wissen, daß damit ein Leben voller Entbehrungen und Opfer verbunden zu sein pflegt, ohne zu fürchten, daß man später die „Anmaßung" entdecken könnte!

Jene Verschiedenheit, jener Dualismus, welcher von uns befürchtet wird, existirt in Moabit in der That. Wie Dr. Wichern bemerkt (Amtliche Mittheilungen S. 291) werden in den Convictversammlungen im Innern von Moabit gemeinsame Angelegenheiten der Brüderschaft und zugleich vom allgemeinen, **nicht blos** dienstlichen Standpunkt aus etwaige schwierige Fälle, die den Brüdern in ihrem Beruf und Verkehr mit den Gefangenen vorkommen, besprochen und zwar zu dem Zwecke gegenseitiger Belehrung und Förderung im Berufe.

In diesem Geständniß, welches amtlich niedergelegt ist, liegt der Kernpunkt aller Moabiter Angelegenheiten, zu welchen unsere Worte nur den Kommentar bilden:

Von dieser gegenseitigen Belehrung und Förderung im Berufe, von dieser Besprechung gemeinsamer dienstlicher Anlegenheiten sind die übrigen Beamten der Anstalt, welche nicht zur Brüderschaft gehören, ausgeschlossen.

Als eine untergeordnete, aber dennoch für die Verwaltung nicht gleichgültige Thatsache mag es bemerkt werden, daß an jedem Ostermorgen

Dr. Wichern einen nur für die Brüder bestimmten Gottesdienst auf dem Kirchhofe der Strafanstalt abhält. Auch hierin erblicken viele mit uns in Beziehung stehende Gefängnißbeamte einen nicht zu empfehlenden Zustand. Das Associationsrecht der Brüder mag außerhalb der Anstalt nach Belieben geübt werden. Im Innern derselben ist es aber ganz unerträglich ein doppeltes Recht für Brüder und für Nichtbrüder zu dulden.

VIII.

Eine weitere Ungleichheit zwischen Brüdern und anderen Anstaltsbeamten in Moabit bilden die Gehaltsverhältnisse. Unserer Behauptung, daß die „Brüder" mannigfach bevorzugt seien, und daß bei solchen Vorzügen das den Brüdern gespendete Lob der Aufopferung nach dem Diapason des Hochmuthes gestimmt sei, war man mit besonderem Eifer entgegen getreten.

Wir treten daher hiermit den Beweis für unsere Behauptung an, indem wir wörtlich das Schreiben eines in Moabit detinirten Gefangenen mittheilen, dessen Angaben uns von anderer Seite her vollkommen bestätigt werden. Aus der wörtlichen Mittheilung mag man gleichzeitig den Bildungsstand des Schreibers erkennen, dem zu Liebe wir die Namen fortlassen.

Berlin, den 8. Juli 1861.

„Die Allgemeine Preuß. Zeitung hat unlängst in zwei Leitartikeln den ohnmächtigen Versuch gemacht, die „Brüderschaft des Rauhen Hauses" zu vertheidigen, und wenngleich wohl nicht zu bezweifeln ist, daß diese Artikel im allgemeinen mit dem gebührenden Mißtrauen aufgenommen worden sind, so enthalten dieselben doch geradezu mehrfache Unrichtigkeiten, die eine Widerlegung wünschenswerth machen. Da ich mich nun in der Lage befinde, die Wahrheit in diesem Punkte von der Unwahrheit sehr genau unterscheiden zu können, so nehme ich mir die Freiheit, Ihnen meine Erfahrungen zur beliebigen Verwendung mitzutheilen.

Zunächst scheint jener Artikel aus einer Feder geflossen zu sein, die mit dem X. mindestens sehr genau verwandt, wenn nicht gar durch ihn inspirirt ist; da sie die von jener Seite längst bekannte Methode befolgt, die „Rauhen Brüder" auf Kosten der Strafanstaltsaufseher aus dem Militairstande herauszustreichen und diese, zu Gunsten jener herabzusetzen. So bleibt es u. A. ausgemachte Thatsache, daß die „Brüder" höhere Gehälter als ihre Collegen aus dem Militairstande beziehen; der Beweis dafür liegt auf der Hand. Es arbeiten noch heut im Zellengefängnisse neben den „Brüdern" mehrere ehemalige Militairs, von denen wiederum einige, nach 15 bis 25jähriger Dienstzeit 240 Thlr. resp. 250 Thlr. Gehalt beziehen, während mit dieser Summe jeder Hülfsaufseher, der frisch aus dem „Rauhen Hause" oder dem Johannesstifte eintritt, vom ersten Tage an salarirt wird. Wenn sich nun aber die meisten Gehälter der „Brüder" auf 275, 290 und 300 Thlr. belaufen, und wenn auch wenige von jenen alten Beamten mit diesen Beträgen gleichstehen, so haben dieselben doch, abgesehen von dem namhaften relativen Nachtheil, einen effectiven Schaden dadurch, daß sie nicht, wie jene, Amtswohnungen inne haben, sondern dafür eine Entschädigung von 50 Thlr. p. anno beziehen Für diesen Preis aber können sie nimmermehr eine Wohnung miethen die jenen Dienstwohnungen gleichzurechnen wäre; überdies aber machen, da es eben alte Beamte sind, deren größere Familien auch naturgemäß größere Wohnungen erforderlich, so daß sie mitunter noch eine beträchtliche Summe zu jenen 50 Thlr. hinzuzufügen haben. — Ferner aber besaß die Anstalt früher einen Geistlichen, der 600 Thlr. Gehalt bezog; dieser mußte bei der Reorganisation der Anstalt einem anderen (Nichtbruder) Platz machen. Da sich aber bald herausstellte, daß unter der neuen Gestaltung eine Kraft, zumal da die Anstalt eine Filiale besitzt, nicht ausreichen konnte, so wurde ein Hülfsgeistlicher mit 200 Thlr pro anno angestellt. Dieser mußte aber schon 1858 einem Oberbruder des „Rauhen Hauses" weichen dem man 1100 Thlr. (sic!) als zweitem Prediger gab, obgleich er zunächst Vorsteher x. des Johannes-Stiftes ist, und diesem einen großen Theil seiner Thätigkeit widmet. — Drittens: der jüngste Inspektor der Anstalt bezog früher immer nur einen Gehalt von 500 Thlr., der Oberbruder dagegen, welcher jetzt diesen Posten bekleidet, erhält 600 Thlr. — Viertens: Der frühere, außerordentlich tüchtige Secretair der Anstalt bezog 400 Thlr., dem jetzigen, mit jenem kaum zu vergleichenden „Bruder", hat man von Anfang an nicht einmal weniger als 450 Thlr. angeboten. — Fünftens: Der ehemalige 2. Lehrer (Nichtbruder) erhielt einen Gehalt von 350 Thlr., der jetzige „Bruder", welcher auf seinem Platze steht, bezieht 400 Thlr. Dies sind hoffentlich fürs Erste Beispiele genug, denn diese Vortheile genießen die Brüder vielleicht in ihrer Brüder-Qualität, die ihnen ja bekanntlich einen, auskömmlichen Gehalt" garantirt, während dies bei den alten Militairs nicht zur conditio sine qua non gemacht ist.

Wenn aber von jener Parthei immer wieder die fade Behauptung aufgestellt wird, daß alte Militairs in der Eigenschaft unbrauchbar seien und nur die „Rauhen Brüder" die gehörige Qualification dazu besäßen, so wollen wir für heut nur hervorheben, daß die vierjährige Erfahrung gelehrt hat, daß sittlicher Ernst mit Liebe gepaart und tüchtige Disciplin, als einzige und genügende Ausrüstung für den Gefangenen-Aufseher zu betrachten sind. Wie wenig indeß die „Rauhen Brüder" hiervon besitzen, und wie vielmehr die größte Corruption unter ihnen vorkommt — dies zu beschreiben haben wir einer besonderen Schrift für die nächste Zeit vorbehalten und wir wollen deshalb nicht vorgreifen. Wir werden dann zugleich den glänzendsten Beweis liefern, daß die alten Militairs bei weitem besser als die „Rauhen Brüder" zum Dienst unter den Gefangenen befähigt sind, glauben aber jener officiösen Feder einstweilen einen hervorragenden Dienst zu leisten, wenn wir diese wenigen Thatsachen noch nachträglich registriren, die ihr wahrscheinlich im Sturm der Leidenschaft entgangen sind."

Das oben mitgetheilte Schriftstück beweist soviel, daß neueintretende Brüder in den Stellungen, welche ein älterer Nichtbruder verließ, sofort mit einer Gehaltserhöhung begannen. Gewisse Zeitungen, deren Scharfsinn nur durch die Kühnheit in Bestreitung notorischer Thatsachen übertroffen wird, mögen uns auch hier entgegnen, daß eine Gehaltserhöhung kein Vortheil sei. Wir erklären uns im Voraus geschlagen, indem wir noch hinzufügen, daß sich unter den der Brüderschaft angehörigen Gefängnißaufsehern jene Staatspensionäre befinden, für welche der Preußische Staat an die Anstaltskasse des Rauhen Hauses jährlich 200 Thaler, bei einem dreijährigen Cursus also 600 Thaler zahlt. Auch hierin dürfte der unparteiische Beobachter durchaus keinen Vorzug gegenüber den alten, ausgedienten Militärs erblicken. Diese letzteren machen sich eine gesunde Bewegung, indem sie sich um eine vakante Stelle nach der anderen bewerben, sich hier und da notiren lassen. Einer solchen Bewegung und Abwechslung gegenüber fällt es gar nicht ins Gewicht, wenn Jemand drei Jahre auf Kosten des Staates für eine ihm in sicherer Aussicht stehende Stelle ausgebildet wird.

Wie es scheint, zahlt der Preußische Staat diese Summen an das Rauhe Haus, um ganz besonders ausgezeichnete Beamte zu erlangen, Beamtenmodelle, nach denen sich alle anderen richten können. Er beachtet dabei nicht, daß auf seine Kosten „Brüder" erzogen werden, welche vom Oberconvict im Rauhen Hause abhängig bleiben und zwar in einem solchen Grade, daß jede Differenz mit der Brüderschaft die Früchte der gezahlten Staatspension vernichten kann.

Wir müssen nämlich noch auf ein sehr wichtiges Verhältniß aufmerksam machen.

Wenn ein ehemaliger **Preußischer Staatspensionär**, welcher 600 Thlr. koftete, fpäter im Gefängnißdienft mit den Anfichten und Grundfäßen der Brüderfchaft fo fehr in Widerfpruch geriethe, ihre „Ordnungen" fichtlich fo fehr vernachläffigte, daß die Brüderfchaft ihn „als felbftwillig ausgefchieden" oder wie wir fagen „in contumaciam exclubirt" betrachtet, fo würde fich daraus die weitere Anforderung ergeben, ihn auch aus dem Anftaltsdienfte zu entlaffen. Man wäre um des Friedens willen genöthigt das **Staatsamt** den Intereffen der Brüderfchaft unterzuordnen. Es ift undenkbar, einen entlaffenen Bruder in der Strafanftalt — wenn er auch ein tüchtiger Beamter wäre — fernerhin als Collegen neben denjenigen zu dulden, welche ihn aus ihrer Gemeinfchaft entfernt haben. Die Einheit des genoffenfchaftlichen Geiftes, von welchem Dr. Wichern fo oft fpricht, würde damit unverträglich fein.

Direktor Schück berichtet in feiner Schrift über Moabit S. 110, wieviele von den Brüdern aus dem Dienft enlaffen wurden. Wegen zweier ehemaliger Brüder Mr. und Pg. bemerkt er, daß diefelben aus der Brüderfchaft und **daher** vom Dienft entfernt wurden.

So fehen wir auch hier ein dem Staatsintereffe und den Verwaltungsgrundfäßen fremdes Element in der Nöthigung, den corporativen Geift einer confeffionellen Genoffenfchaft über den Werth eines Beamten entfcheiden zu laffen, welchen der Staat auf **feine Koften** durch diefe Corporation vorbereiten ließ.

Man kann ein guter Bruder und gleichzeitig ein **fehr fchlechter** Gefängnißauffeher fein. Umgekehrt ift es aber noch viel mehr denkbar, daß ein ausgezeichneter Beamter die „Ordnungen der Brüderfchaft" vernachläffigt. In diefem letzten Falle würde man den darauf excludirten Beamten kaum in Gemeinfchaft mit perfönlichen Gegern dulden können. Der Dienft wäre alsdann ficherlich benachtheiligt!

IX.

Sobald irgend ein Vorwurf gegen die Brüderfchaft, irgend eine Befürchtung hinfichtlich ihrer Wirkfamkeit erhoben wird, verlangen die confeffionellen Schildknappen nach „Erfahrungen." Ihr großer Gerechtigkeitsfinn bewährt fich darin, daß fie fich zu beweislofem Selbftlob bereit finden in demfelben Augenblicke, wo von den Gegnern der ftrenge Beweis gefordert wird, ohne deffen Vorhandenfein alles „Verdächtigung, Verleumbung oder Lüge" bleibt.

Aus Rückficht für diefe Eigenthümlichkeit verfuchen wir den Beweis, daß die Vorurtheile des Dr. Wichern, welche auf dem Frankfurter Congreß gegen den Gefängnißdienst durch Unteroffiziere ausgesprochen wurden, im Laufe der Zeit fast den Charakter eines fahrläßig verschuldeten Irrthums genommen haben.

Direktor Schück, welcher „unter Anerkennung seiner Verdienste" nach Breslau versetzt wurde, leitet sein Urtheil über die Brüderschaft mit folgenden Worten ein:

„Es ist kein anderer Beamter in Deutschland, der so lange (4 Jahre) mit so vielen (mehr als 40) Brüdern des Rauhen Hauses amtlich und zwar als Vorgesetzter zu verkehren gehabt hat, und dann bin ich mir bewußt, der Brüderschaft selbst und jedem Einzelnen soviel Liebe erwiesen zu haben, im Dienst und außer demselben, als mir möglich war, und daß ich darauf gesonnen habe, wie ich das thun soll."

Diesem Zeugnisse fügen wir selbst aus eigener Erfahrung hinzu, daß sich Herr Schück in den beiden ersten Jahren seiner Verwaltung auf eine fast unbegreiflich günstige Weise über die Brüderschaft aussprach, daß Herr Schück ferner einer streng gläubigen religiösen Richtung angehört und Mitglied der Brüdergemeinde hierselbst war.

Eben dieser Herr Schück, auf dessen Zeugniß man sich bisher zu Gunsten des Brüderordens berief, bemerkt nun über die Unteroffiziere:

Daß dieser hochachtbare Stand, wie in anderen Stellungen, so auch in den Strafanstalten, Bedeutendes leiste, daß Gefängnißbeamte in hinreichender Zahl außerhalb der geistlichen Orden und Brüderschaften gefunden werden können, daß die Erziehung durch die Einzelnhaft in Bruchsal erfolgreich von früheren Unteroffizieren ertheilt wird, daß in Moabit, wo Brüder wirken, (wobei die Bemerkung des „Erfolgreichen" fehlt) erst von den nicht kirchlichen Beamten der Anstalt gelernt haben, was sie in der Einzelnhaft zu thun haben, und wie sie es verrichten sollen."

Sehr schön vertheidigt Schück ferner die nicht kirchlichen Beamten gegen die Anmaßung derer, welche nur in Beziehung auf sich von Opfern der Freiheit sprechen. Endlich schildert er die Brüder in folgenden Worten:

„Unter jener großen Anzahl (nämlich von mehr als 40 Brüdern) waren einige (!) von ausgezeichneten Gaben, welche sie ebenso verständig, wie liebevoll im Dienst für die Gefangenen anwandten, ein wahrer Segen ruhte auf ihrer Arbeit, es war eine Freude ihr zuzusehen, und ich habe es für ein Glück erachtet, mich solcher Beamten bedienen zu können. Sie waren Muster, wie im Dienst, so im Haus und Familie.

Andere, wenig begabte, verstanden mit diesen Gaben gut Haus zu halten. Eine Anzahl, nach ihrer Entsendung aus dem Rauhen Hause in Strafanstalten gemeinsamer Haft für den Gefängnißdienst trefflich geschult, leistete gute Dienste; mehrere von ihnen waren herb und rauh. Die Mehrzahl kannte den Gefängnißdienst nicht, war sogar viel zu kurze Zeit im Rauhen Hause gewesen, überhaupt nicht genügend ausgebildet, körperlich schwach, zu jung, als daß sie Erfahrung erworben, und sie anzuwenden verstanden hätten.

Doch mangelte keinem der gute Wille, wenn auch Unbehülflichkeit und Schwerfälligkeit oft hinderte, es war kein Trinker, kein Säufer, kein Unzüchtiger unter ihnen; Unzuverlässigkeit kam nur vereinzelt vor."

Dieses mit vieler Vorsicht Seitens eines Königlichen, noch jetzt im Dienst befindlichen Beamten über seine ehemaligen Untergebenen gefällte Urtheil zeigt also: „unter einer großen Anzahl einige Muster, eine Anzahl außerhalb des Rauhen Hauses in den Anstalten des Staates geschulte, mehrere herb und rauh, also gerade ohne die Eigenschaften der Liebe und Aufopferung, welche das eigenthümliche Kennzeichen der Brüder bilden sollen, die Mehrzahl ungenügend gebildet und ohne Erfahrung im Gefängnißdienst!"

Nachdem vorher der Unteroffiziere in rühmender Weise gedacht worden, darf man nicht zweifeln, daß der Tadel das Lob entschieden überwiegt.

Ueber die Amotionen aus dem Dienste bemerkt Schück, „daß dieselben nicht stärker gewesen, als in anderen Strafanstalten, bei gleicher Beamtenzahl und in gleichem Zeitraum." Nicht stärker? fragt die Begeisterung für die Brüder. Nicht geringer? fragt der erstaunte Beobachter, welcher von den fast überirdischen Qualitäten der Brüder in den Berichten der inneren Mission gelesen hat. Es ist betrübend, daß aus einer Corporation, die ihre Fehler ohne Aergerniß nach außen erledigen soll, die ihre strauchelnden Mitglieder fortwährend beobachtet, unterstützt, ermahnt und verwarnt gerade ebenso viele entlassen werden, wie von den alten einheitlich nicht geschlossenen Unteroffizieren!

Weiter urtheilt Schück:

„Das Band gemeinsamer Liebe, von welchem man sie alle hätte umschlungen halten sollen, war nicht vorhanden; einzelne Gruppen hielten zusammen. Die äußere Erscheinung außer dem Dienst war nicht so einfach, wie andre ähnliche Genossenschaften in Zülchow und Duisburg sich darstellen. Man hat den Brüdern des Rauhen Hauses beigemessen, daß ihr Glaube an ihre geistige Superiorität sehr groß sei, daß sie dafür hielten, die christliche Gnade sei an ihnen mehr, als an anderen offenbar, ihr Herz wiedergeboren und ihr Geist ganz besonders himmlischen Dingen zugewandt. Dem ist nicht durchweg beizustimmen (also doch theilweis!). Die Demuth allerdings, die ihren Werth selbst nicht kennt, war nicht überall vorhanden; ein starkes Selbstgefühl, eine Ueberhebung, Ueberschwänglichkeit vielmehr, genährt durch das ihnen aus ihrer eigenen Mitte vielfach öffentlich gespendete Lob, und ein Corporationsgeist, der sich nach außen — von den Mitbeamten — strenger abschloß, als für den Dienst wohlthätig sein mochte."

Niemals hatten wir gehofft, eine so glänzende Rechtfertigung zu finden, als wir von dem Vorhandensein von Hochmuth und Heuchelei (d. h. die Schaustellung besonderer Liebe nach Außen für Leute, welche herbe und rauh sind) sprachen. Wird man dem Director Schück gleichfalls vorwerfen, daß er sich als Beamter im Strafanstaltsdienst der Verdächtigung seiner Untergebenen schuldig mache?

Damit man aber auch endlich erfahre, weswegen der Preußische Staat so gutmüthig ist, für Staatspensionäre an das Rauhe Haus jährlich 200 Thaler zu zahlen, schließen wir unsere Verweisung auf Schück mit der Erwähnung dessen, was Seite 112 zu lesen ist:

„Die im Gefängnißdienst tüchtigen Brüder des Rauhen Hauses sind dafür alle erst nach ihrem Abgange aus dem Rauhen Hause in Strafanstalten selbst ausgebildet worden."

Nach dem Erscheinen der von Schück verfaßten Schrift hat sich in der Strafanstalt zu Moabit ein Fall ereignet, welcher, ebenso wie der früher vorgekommene Erschießungsfall, besonders geeignet ist, bei einer unparteiischen Würdigung der brüderschaftlichen Leistungen als „Erfahrung" verwerthet zu werden. Wir theilen denselben mit, wie er uns auf vollkommen glaubwürdige Weise nach sorgfältigen Ermittelungen dargestellt worden ist.

Am 12. Oktober des Jahres 1861 hatte der Gefangene Brose Zugang zu einer unverschlossen gehaltenen Spiritusflasche gefunden und in einem Augenblick, wo er ohne Aufsicht blieb, eine Quantität reinen Spiritus getrunken. Da auch zur Goldleistenfabrikation Spiritus im Innern der Strafanstalten verwendet wird, so ist diese Thatsache selbst nicht auffällig. Ein älterer der Brüderschaft nicht angehöriger Beamter fand unmittelbar darauf Brose in so schwer betrunkenem Zustande vor, daß er die Aufnahme ins Lazareth für wünschenswerth hielt und zu diesem Zweck das Erforderliche veranlaßte. Allein der zur Brüderschaft gehörige Inspektor Anton, welcher den Direktor Wilke in Behinderungsfällen vertritt und auch ehemals den Direktor Schück, bei Gelegenheit des Kügler'schen Erschießungsfalles, vertreten hatte, war mit dieser Anordnung nicht einverstanden. Auf geschehene Meldung verfügte er, daß der Gefangene Brose in seinem Zustande, welcher von mehreren Personen als ein vollkommen trunkener bezeichnet wird, in den Lattenkeller geschafft werden sollte. Dies geschah. Man trug und legte Brose auf Latten. In einem unterirdischen Keller, über welchem sich das Lokal der Militärwache befindet, verstarb Brose während der darauf folgenden Nacht plötzlich. Ueber den Grund seines Ablebens enthalten wir uns der Vermuthung. In Moabit selbst bezeichnet man entweder einen Gehirnschlag oder Erstickung durch den Rauch eines Ofens, welcher noch zwei Tage später die schleunige Entfernung eines anderen Gefangenen aus demselben Lattenarrest nothwendig machte, als mögliche Todesursachen. Wir enthalten uns jeder Beschuldigung um so mehr, als die Staatsanwaltschaft keinen Grund zu strafrechtlichem Einschreiten gefunden, und eine darauf bezügliche Denunziation abgelehnt hat. Was wir aber betonen und scharf hervorheben, ist der Gegensatz in den Anschauungen zweier Beamten, von denen der eine Nichtbruder die Aufnahme in das Lazareth für denselben Menschen anordnete, welchen der Inspektor Anton, ein hervorragendes Mitglied der Brüderschaft, auf Latten bringen ließ! Jenem alten Militärbeamten erschien sicherlich nicht nur der Zustand des Brose bedenklich. Einem Manne, welcher das Wesen der Strafe richtig begriffen hat, darf man zutrauen, daß er keine Disciplinarstrafe vollstrecken läßt, sobald das Bewußtsein der Strafbarkeit in irgend einer Weise durch geistige Störungen oder verdunkeltes Bewußtsein vermindert oder gar aufgehoben ist. Der Inspektor Anton, welcher, wie bemerkt, die wichtige Funktion der Stellvertretung des Direktors bekleidet, war ehemals Schneidergeselle und wirkte später in der Strafanstalt zu Wartenburg, in welcher auch der Direktor Wilke einstmals thätig war. Seine Antecedentien gehören nicht hierher.

In Moabit erzählt man, daß der plötzlich verstorbene Brose im Augenblick, wo er auf Latten gelegt wurde, sinnlos betrunken gewesen sei, daß derselbe außer Stande gewesen sein würde, für den Fall dringender Noth in dem entlegenen Lattenkeller um Hülfe zu rufen, daß das sieben Fuß unter der Erde liegende Lattenlokal im Sommer 1861 neu aufgemauert und bei völlig ungenügendem Zutritt der Luft im Oktober noch nicht gehörig ausgetrocknet gewesen sei, daß der im Lattenkeller befindliche Ofen im Oktober so stark geraucht habe, daß das darüber liegende Militürwachtlokal am 12. Oktober, wo Brose auf Latten gelegt wurde, mit Dampf erfüllt wurde, in gleicher Weise, wie am 15. Oktober, wo der Gefangene Nieß in jenem Lattenkeller beinahe erstickt wäre, wenn nicht schleunige Meldung davon gemacht und der Eingesperrte sofort entfernt worden wäre.

Angesichts dieser Gerüchte fordern wir die Preußische Regierung auf, im Interesse der Strafanstaltsverwaltung die Resultate ihrer Ermittelungen der Oeffentlichkeit zu übergeben, damit den mannigfach verbreiteten Darstellungen des in Rede stehenden Falles endlich die Wahrheit entgegengesetzt werde.

Durch sorgfältige Erkundigungen sind wir in Stand gesetzt, hiermit eine Liste aller bei dem Vorfalle am 12. Oktober angeblich betheiligt gewesener Personen aufzustellen: der Inspektor Anton, der Arbeitsinspektor Büstrin, der Gefangene Moldenhauer, der Oberaufseher Scheer, der Gefangene Rouvel, der Aufseher Carl, der Pförtner Treichel, der Unteroffizier Schulz der 8. Kompagnie des Kaiser Alexander Regiments.

Jeder Einsichtige muß wünschen, daß man auch den leisesten Verdacht durch eine gründliche Untersuchung zerstöre und nicht warte, bis wieder einmal nach längerer Pause amtliche Nachrichten über Moabit herausgegeben werden. Darüber aber darf man sich nicht täuschen, daß eine einfache Verleugnung, ein bloßes Bestreiten in halboffiziellen Blättern seit längerer Zeit aufgehört, bindende Autorität für das Publikum zu besitzen. In der von uns hiermit beantragten Untersuchung wird es darauf ankommen, festzustellen,

ob ein sinnlos betrunkener Sträfling auf Latten gelegt worden ist, ob Instruktionen vorhanden sind, welche die disciplinare Bestrafung unzurechnungsfähiger Personen in Preußen vorschreiben, ob der Tod des Brose durch Ersticken im Rauch verursacht sein kann, und ob irgend jemand wegen eines damaligen gesundheitsgefährlichen Zustandes des Lattenkellers verantwortlich gemacht werden kann.

Unsere Stellung als Lehrer des öffentlichen Rechts legt uns die Pflicht auf, jede Gelegenheit zu benutzen, um die Ehre des Preußischen Beamtenthums gegen Verdunkelungen in Schutz zu nehmen, soweit unsere publizistische Thätigkeit damit im Zusammenhang steht und nicht andere Näherberufene vorhanden sind.

Die Näherberufenen haben aber bisher geschwiegen, während wir selbst durch einen ausgedehnten Briefwechsel mit Gefängnißdirektoren des Inlandes und des Auslandes in Stand gesetzt sind, den traurigen Einbruck zu ermessen, welchen jener neueste Moabiter Vorfall hervorgerufen hat. Dies gereiche uns zur Entschuldigung, wenn wir eine uns zunächst ferner liegende Frage, welche aber mit den Angelegenheiten der Brüderschaft im Zusammenhange steht, zur Sprache gebracht haben.

Es handelt sich bei der von uns gestellten Forderung nicht um die Berücksichtigung von Zeitungsgerüchten, sondern um die Besorgnisse, welche von Fachmännern gehegt werden, denen das Recht der Gefangenen am Herzen liegt. Ein Strafanstaltsdirektor, dessen höchst angesehenen Namen wir jedem zur Sache Legitimirten nennen werden, aus gewissen Rücksichten aber hier zurückhalten müssen, schreibt uns über die Brüderschaft, welche er kennen zu lernen Gelegenheit hatte, aus Anlaß eben dieses Falles:

„Auch ich bin der Ansicht, daß der Aufseher nur Aufseher sein, aber nie Seelsorge treiben darf, auch ich glaube, daß es unter den Brüdern sehr viele Heuchler und schlechte Subjekte giebt, und daß wegen der ganzen Organisation und religiösen Tendenz der Brüderschaft die Zulassung derselben zum Gefängnißdienst unstatthaft und jedenfalls ein gefährliches Experiment ist, das in einem Staate, wie Preußen, nur durch die krankhafte pietistische Richtung der Zeit überall hat möglich werden können und unter allen Umständen bald wieder aufgegeben werden muß und wird, zumal da die Brüderschaft in Moabit einen faux pas über den anderen macht, wie ja denn jetzt schon wieder eine famose Geschichte durch die Zeitungen läuft."

X.

Wie in allen anderen Beziehungen, so ergeben sich auch aus einer Betrachtung der brüderschaftlichen Wirksamkeit gegenüber den Gefangenen ernsthafte Bedenken. Der confessionellen Abgeschlossenheit der Brüder darf man nicht zutrauen, daß sie den Dienst des Staates und die ihr besonders übertragene Mission, dem Herren zu dienen, jedesmal genau auseinander halten könne.

Wir glauben und wissen, daß in den Instruktionen der Gefängnißaufseher keine Aufforderung zur Seelsorge an den Einzelnen liegt. Allein die Erwartung liegt nahe, daß Männer, welche frisch zubereitet aus dem Rauhen Hause in die Strafanstalten des Staates treten, welche, wie Direktor Schück versichert, den Dienst gar nicht kennen und erst durch die Ausbildung in den Strafanstalten selbst, zu einer gehörigen Wahrnehmung dienstlicher Obliegenheiten befähigt werden, ihre besondere, im Bewußtsein stark ausgeprägte Liebespflicht in den Leistungen des Glaubens zu erfüllen suchen wird. Die Meinung einer dazu vorhandenen Befähigung wird den Brüdern um deswillen nicht fehlen, weil nach einer im Festbüchlein des Dr. Wichern S. 436 enthaltenen Notiz, den Brüdern an mehreren Stellen Catechesen unter den Gefangenen, und die Leitung der Morgen- und Abendgebete übertragen waren. An einer Stelle war ein Bruder sogar Gehülfe des Geistlichen und eigentlicher Besucher der Züchtlinge. Auf welche Strafanstalten sich diese Mittheilungen beziehen, wissen wir nicht; doch geht eben daraus hervor, daß eine derartige Wirksamkeit auf die im Rauhen Hause erhaltene Ausbildung basirt werden kann. In den „amtlichen Mittheilungen" (S. 326) heißt es außerdem über Moabit: „daß der Geistliche der eigentliche Führer und Pfleger der Seelsorge ist, welchem die Uebrigen als Gehülfen zur Seite und zur Mitarbeit bereit stehen sollen." Dem Einsichtigen genügt diese Mittheilung zu weiteren Schlußfolgerungen.

Eine Anzahl von Gefangenen hat sich bei uns darüber beklagt, daß ihnen Brüder in frömmelnder Zudringlichkeit beschwerlich würden, und daß ihnen bei jeder irgend vorhandenen Gelegenheit Fragen vorgelegt würden wie:

„Hast du denn den Herren Jesum auch schon recht lieb bei uns gewonnen? Ist dir dein Herz auch schon schwarz geworden?"

Wie weit und bis zu welchem Grade die mystischen Reden gehen, mit denen man das Gemüth der Sträflinge zu rühren gedenkt, können wir nicht angeben. Wohl aber sind uns von mehreren Seiten, und zwar nicht blos von Gefangenen, Versicherungen zugekommen, daß allerdings in Moabit von Gefängnißaufsehern religiöse Einwirkungen versucht werden.

In dem uns vorliegenden Tagebuche eines Moabiter Gefangenen finden sich Betrachtungen über das Walten Gottes in der Schöpfung, welche sich an die Ewigkeit der Naturgesetze knüpfen, und darunter folgende Bemerkung:

„Wenn unsere orthodoxen Beamten diese meine Erklärung über die Existenz des Weltenschöpfers lesen würden, dann liefe ich Gefahr, auch wie jener unglückliche Sträfling Jacoby, welcher 12 Jahre abgemacht und im Dezember dieses Jahres (1859) entlassen werden mußte, nur weil er sich gutwillig die Zwangsjacke nicht wollte anziehen lassen, aber schon im Arrestlocal sich befand, wie ein toller Hund erschossen zu werden. Diese grauenvolle That ist am 23. August 1859 Vormittags 10 Uhr auf Befehl des Oberaufsehers Kügler ausgeführt worden; und sollte er wirklich nicht bestraft werden, so möchte ich schon seine Gewissensbisse nicht theilen. So handeln die Leute, welche sich selbst „die Stillen im Lande" nennen.

Sie werden besser und richtiger sagen — (ein Ausdruck, den wir nicht wiedergeben) — Aber man muß das Maul halten."

Wie ungerechtfertigt diese Befürchtungen auch sein mögen, wie wenig man auch befugt ist, für die Handlungsweise des ehemaligen Oberaufsehers Kügler alle andren Brüder verantwortlich zu machen, so ist es dennoch bezeichnend, daß man unter den Sträflingen hier und da in dem Geiste der Brüderschaft die Mitverantwortlichkeit dafür suchte und Befürchtungen hegt, wenn es darauf ankommt, ein Glaubensbekenntniß in den Tagebüchern niederzulegen.

Selbst wenn man die nach allen außerpreußischen Erfahrungen wahrscheinliche Besorgniß einer ungehörigen confessionellen Einwirkung auf die Gefangenen nicht theilen wollte, selbst wenn man eine derartige Einwirkung durch Unberufene (wie einige Brüderschaftsverehrer bekennen) für wünschenswerth erklärt, selbst wenn man die Gefahren einer religiös überspannten Gemüthsstimmung unter den Gefangenen geradezu leugnet, selbst wenn man einigen wohlmeinenden Leuten darin glaubt, daß in der inneren Mission gar kein Pietismus zu finden sei, selbst dann noch bleiben die allerhöchsten und bedeutendsten Gründe gegen die Verwendung eines Ordens, wie die Brüderschaft ist, bestehen.

Jeder Gefangene, der nicht geradezu auf den Kopf gefallen ist, weiß sehr gut, wodurch sich ein Bruder in Moabit von einem Nicht-Bruder unterscheidet; er erkennt sofort die besondere Richtung des Rauhen Hauses (wie ja auch der erschossene Jacoby den Aufseher Kügler ironisch einen Rauhhäusler genannt und dadurch gereizt hatte); er durchschaut jenen beklagenswerthen Dualismus zwischen Brüdern und Nichtbrüdern, welcher in Moabit besteht. Während er den Brüdern gegenüber geschmeidig und nachgiebig sich zeigt, benutzt er jede Gelegenheit, um sich hinter ihrem Rücken über die frommen Reden, die er in ihrer Gegenwart geführt hat, lustig zu machen. Es ist geradezu unglaublich, wie Vieles ein in strengster Einzelnhaft gehaltener Sträfling von den Anstaltsverhältnissen erfährt. Nicht nur, daß im Innern von Moabit unter einzelnen Isolirgefangenen ein lebendiger Briefwechsel geführt wird — wovon die Beweise in unseren Händen niedergelegt sind: Die Gefängnißaufseher selbst fühlen nur zu häufig das Bedürfniß sich für die Einförmigkeit ihres Berufes durch Unterhaltungen mit Sträflingen, durch Austausch von Mittheilungen zu entschädigen. Die meisten Gefangenen in Moabit wissen genau, wie viel Cigarren ihr Direktor täglich raucht, wie lange er Krankheitshalber vom Dienste dispensirt war, welcher Art seine frühere Wirksamkeit in Wartenburg gewesen ist, wer sich um die Stelle des ehemaligen Direktors Richter an der Stadtvoigtei in Berlin beworben, welcher Beamte der Strafanstalt zu einer gewissen Zeit für die Verleihung eines Ordens vorgeschlagen wurde, welche Verschiedenheiten zwischen den beiden in Moabit wirkenden Geistlichen vorhanden sind, welche Veruntreuungen an Arbeitsmaterial hier und da begangen wurden.

Niemand hat eine so scharfe Beobachtungsgabe, eine so weit reichende Wahrnehmungsfähigkeit wie derjenige, welcher in strengster Abgeschlossenheit gehalten wird. Auch behaupten wir, daß unter den Zellengefangenen die Mehrzahl, das heißt alle, welche nicht zu den geistig stumpfen gehören, im Verlaufe einiger Zeit zu scharfsinnigen Psychologen herangebildet wird, zu Kennern aller kleinen Schwächen und Eitelkeiten in dem Charakter ihrer Aufseher und Wärter. Solche Zuchthausgefangene entschädigen sich gleichsam für ihr trauriges Loos dadurch, daß sie die Charakterfehler derjenigen aufsuchen, die ihnen gegenüber eine zwingende Macht ausüben.

Je größer der Anspruch auf Achtung ist, je selbstbewußter ein Aufseher von seiner Liebe und Hingebung spricht, je öfter man in den Missionsberichten der Anstaltsbibliothek von den Wohlthaten des Rauhen Hauses liest, desto mehr wächst die Neigung der Gefangenen, in der vorhandenen Wirklichkeit der Dinge den Brüdern nur diejenige Auszeichnung zuzuerkennen, welche in ihrem eigenen Glauben an die Absonderheit ihrer Befähigung bei ihnen wurzelt.

Wir verlassen dieses Gebiet mit dem Bedauern, nicht einzelne Thatsachen geben zu können, an deren Bewahrheitung wir die Glaubwürdigkeit unserer, unter den Gefangenen befindlichen Zeugen bemessen haben. Damit man uns aber nicht der Uebertreibung beschuldige, drucken wir im Anhang den gegenwärtigen und den früheren Etat von Moabit ab, welchen wir durch einen Zellengefangenen erhalten haben. Um alles und jedes Mißtrauen zu beseitigen, bemerken wir, daß keiner der gegenwärtig im Dienst befindlichen Anstaltsbeamten irgendwie bei der Vermittlung dieser Nachrichten betheiligt ist.

Wir meinen also, um es noch einmal zu sagen, daß jene Zwiespältigkeit in der Verwaltung von Moabit, welche in der gleichzeitigen Wirksamkeit von Brüdern und Nichtbrüdern gegeben ist, von den Gefangenen genau bemerkt wird, obwohl sie von den Aufsichtsbehörden vielleicht noch nicht wahrgenommen worden ist.

Die veränderte Leitung der Anstalt, welche seit der Versetzung des Direktor Schück eingetreten ist, hat außerdem dazu beigetragen, die Aufmerksamkeit der Gefangenen auf einzelne Verhältnisse hinzulenken, die ihnen am besten unbekannt hätten bleiben sollen. Auch in der Einzelnhaft in Moabit giebt es eine wirkliche geheime öffentliche Meinung, welche die Maßnahmen der Verwaltung bis in das Einzelne hinein kritisirt. Und leider muß man bekennen, daß selbst diese öffentliche Meinung unter Verbrechern, denen der Staat die Ehrenrechte entzogen hat, ein Faktor ist für die gute oder schlechte Wirksamkeit der Strafanstaltsverwaltung.

Glaubt man, daß der Gefangene nicht dasjenige zunächst und allererst bemerkt, was Direktor Schück über die Unfähigkeit und Unbehülflichkeit der aus dem Rauhen Hause eintretenden Gefängnißwärter berichtet? Kann man im Ernst annehmen, daß die mehreren Rauhen Brüder, welche ein ihnen wohlwollender Beamter als herbe und rauh bezeichnet, in den Augen der Sträflinge rührend und weich sein werden? Und denkt man in Wirklichkeit, daß die Ueberschwänglichkeit und Selbstüberhebung, von welcher Schück die Brüderschaft nicht freispricht, nur gerade den Detinirten nicht bemerkbar werde? Es scheint unmöglich, daß ein Aufseher, welcher seinem Direktor gegenüber die Selbstüberhebung nicht verstecken kann, bei einem Gefangenen so große Vorsicht anwenden sollte, um als besonders herablassend und liebevoll zu erscheinen.

Freilich giebt es unter den Brüdern einzelne ausgezeichnete Beamte, welche trotz ihrer Vorbildung im Rauhen Hause, später im Strafanstaltsdienste eine Tüchtigkeit erlangten. Allein, bei dem „einheitlichen Willen", bei dem genossenschaftlichen Geiste, der sich aus sich selbst ergänzt, ist es nur zu wahrscheinlich, daß auch der Sträfling seinerseits nicht unterlassen kann, die Fehler Einzelner, und die Unbrauchbarkeit der Mehrzahl jener Genossenschaft als einer Gesammtheit zuzurechnen. Wenn der Orden selbst die vortrefflichen Leistungen Einiger für sich in Anspruch nimmt und aus seinem Gesammtgeiste herleitet, so wird er es sich auch gefallen lassen müssen, wenn er für die Fehler, Ungeschicklichkeiten und Unkenntniß der Mehrzahl seiner im Gefängnißdienst beschäftigten Mitglieder verantwortlich gemacht wird. So erklärt sich jenes Mißtrauen, welches alle Sträflinge in Folge jener vereinzelten Handlungsweise des Oberaufsehers Kügler ergriff, und so werden die Besorgnisse verständlich, welche sich unter den Gefangenen an jenen Vorfall im Lattenkeller knüpfen, der sich am 12. Oktober 1861 zutrug.

Eine Anzahl von Brüdern empfindet übrigens, wie uns gleichfalls von glaubwürdiger Seite mitgetheilt wird, die ihnen durch die Brüder-Ordnung auferlegte Abhängigkeit auf das Schwerste und macht einzelne Gefangene, die sich des Vertrauens würdig zeigen, zu Gefährten ihrer Bekümmernisse. Aus den Convictprotokollen, welche dem Dr. Wichern als Oberconvictmeister eingesendet werden, läßt sich dergleichen freilich nicht bemerken; auch werden alle Brüder des Rauhen Hauses, wenn sie heute öffentlich und protokollarisch befragt werden, gar nicht umhin können, ihre Befriedigung mit allen Dingen zu erklären. Wir nehmen das im Voraus an. Während aber die in unsern Augen nicht zu billigende Vereinigung der Funktionen eines Oberconvictmeisters und vortragenden Rathes den Conflikten in der Strafanstaltsverwaltung, die wir für unvermeidlich halten, auf eine rein äußerliche Weise augenblicklich vorbeugt, geht gleichzeitig dadurch der wahre Gehalt der Inneren Mission der Gefahr entgegen, getrübt zu werden.

Wir glauben nicht, daß ein unbefangener Meinungsaustausch, wie er zwischen Sendbrüdern und dem Oberconvictmeister als Vorsteher des Rauhen Hauses möglich war, solange derselbe nicht im Preußischen Staatsdienste stand, sich in derselben Freiheit und Unabhängigkeit behaupten kann, wenn er zwischen untergeordneten und vorgesetzten Beamten, wie in Moabit organisirt wird. Die Brüder werden sich dessen gewiß bewußt werden, daß sie zu einem Manne sprechen, der gleichzeitig in gewissem Grade Herr ihrer äußeren Lage geworden ist, und welcher bei Ertheilung von Remunerationen eine einflußreiche Stimme hat.

Diese unsere Ansicht ist weiter nichts, als ein Schluß aus anderen hier zu übergehenden Verhältnissen, auf welche wir vorläufig kein Gewicht legen wollen. Verschweigen aber können wir nicht, daß Beamte des Zellengefängnisses schreibfertige Sträflinge zur Darstellung der Moabiter Verhältnisse und zu Uebersendung anonymer Mittheilungen an das Polizeipräsidium zu Berlin aufgefordert haben, damit man endlich das vielen unerträglich und dennoch unvermeidlich gewordene Abhängigkeitsverhältniß der Brüder innerhalb des Ordens erkenne und aufhebe. Wie uns versichert wird, entdeckte man dies Vorhaben, und einer der betheiligten Beamten, welcher Frau und Kinder hat, konnte nur dadurch der Entfernung aus dem Dienste entgehen, daß er vor der Brüderversammlung Abbitte that.

Damit man uns schließlich nicht den Vorwurf der Parteilichkeit mache, schließen wir mit der Apologie der Brüderschaft, welche uns von einem ihrer kundigen Beobachter zugekommen ist:

„Die Schwächen und Fehler der Brüderschaft sind zum großen Theil eine Folge des Despotismus und der Tyrannei, mit welcher sie von den Herren (hier folgen drei Namen) geknechtet werden. Sie werden dadurch zu eingebildeten, dünkelhaften Heuchlern und charakterlosen Subjekten systematisch erzogen; fallen aber die Ursachen weg, so wird dasselbe mit den Wirkungen der Fall sein. Wenn diese Brüder wissen, daß ihre Anstellung nicht mehr an die Uebereinstimmung mit der Gesinnung ihrer geistlichen Obern geknüpft ist, dann hört die Heuchelei von selbst auf und die guten Seiten der Brüderschaft bleiben."

XI.

Wie weit es uns gelungen ist, in den vorstehend gegebenen Andeutungen die Nachtheile zu veranschaulichen, mit denen die corporative Wirksamkeit des Brüder-Ordens in den Strafanstalten verbunden ist, wissen wir nicht zu beurtheilen. Wäre die Stärke unserer Gründe der Aufrichtigkeit und Gewissenhaftigkeit unserer Ueberzeugung gleich, so wären wir des Erfolges bei denjenigen sicher, welche die vorliegende Frage lediglich nach ihrer praktischen Bedeutung und völlig unabhängig von politischen oder kirchlichen Antipathien prüfen wollen. Unser aufrichtiger Wunsch ist es, daß der Erfolg nicht zu unseren Gunsten entscheide durch Eintritt derjenigen Gefahren, welche wir nach reiflicher Erwägung aller Umstände für möglich, ja für wahrscheinlich halten.

Was gegen die Anstellung der Brüderschaft im Staatsdienste spricht, ist nicht die confessionelle Anschauung des einzelnen Bruders, sondern die Gebundenheit dieser Ueberzeugung durch die äußerlich dargestellte corporative Einheit unter den Subalternen einer Strafanstalt; nicht der Umstand, daß jemand im Rauhen Hause gebildet wurde, sondern das Abhängigkeitsverhältniß, welches nach der Entsendung der Brüder bleibt; nicht in den günstigen Gehaltsverhältnissen der Brüderschaft, denn wir wünschen, daß man dies Gehalt für brauchbare Beamte erhöhen möge, nicht die bewußte Neigung jedes Bruders, sich einer fremden Autorität preiszugeben, sondern die durch die Umstände auferlegte Nöthigung zu einer Unterordnung unter die dem Staatsdienste fremden Einflüsse der Brüderschaft.

Noch einmal fordern wir diejenigen, denen die Verantwortlichkeit für die Gefängnißverwaltung obliegt, auf, den Zusammenhang zwischen dem Staatsdienst und der Brüderschaft zu lösen;

weil eine confessionell organisirte Genossenschaft nicht in die Gefängnisse paßt;

weil die Wirksamkeit der obersten Strafanstaltsleitung durch Zwischeneinflüsse gelähmt wird;

weil ein Zusammenwirken mehrerer Elemente verschiedener Art in den Strafanstalten, namentlich von Brüdern und Nichtbrüdern das gute Einvernehmen im Beamtenthum gefährdet;

weil die Behandlung der Gefangenen unter einer Doppelseitigkeit im Gefängnißbeamtenthum leidet;

weil gerade den Gefangenen gegenüber die mit zwingender Autorität bekleidete confessionelle Richtung der Brüderschaft zu Verstellung und Heuchelei führt;

weil die Freiheit des Preußischen Beamtenthums, soweit dasselbe der Brüderschaft entnommen ist, gefährdet erscheint durch diejenigen brüderschaftlichen Verpflichtungen, welche die Mitgliedschaft in der Brüderschaft und folglich das Verbleiben im Amte bedingungsweise in Frage stellen;

weil dienstlich berathschlagende Versammlungen unter Theilnahme eines Theiles der Gefangenwärter und unter Ausschluß Anderer im Innern der Strafanstalten ohne Gefährdung der Rechtsgleichheit nicht geduldet werden können;

weil endlich die Vorbildung im Rauhen Hause für die praktische Befähigung zum Strafanstaltsdienste nichts leisten kann, und die Tüchtigkeit der Brüder in keiner Weise bedingt wird durch die Vorschule des Rauhen Hauses.

Kein billig Denkender wird fordern, daß die Regierung den gegenwärtig angestellten Beamten, welche der Brüderschaft angehören, den Laufpaß gebe und sie für Mißgriffe verantwortlich mache, welche andere begangen haben. Diejenigen nahmhaft zu machen, welche der gedeihlichen Entwickelung der Gefangenenpflege persönlich im Wege stehen, ist nicht unseres Amtes. Doch wollen wir nicht verhehlen, daß es drei Beamte sind, deren Stellung in Moabit als verwaltungshinderlich bezeichnet wird.

Unsere Angriffe richten sich nicht gegen Personen, sondern gegen Einrichtungen, die wir für verderblich halten, deren Entstehungszeit allein schon mit Mißtrauen gegen ihren Werth erfüllen kann. Zunächst scheint es geboten, die Beziehungen zwischen dem Preußischen Staat und dem Rauhen Hause zu lösen, die Ausbildung von Staatspensionären in jener Anstalt aufzugeben und eine nutzlose nach Direktor Schück's Zeugniß ganz vergebliche Ausgabe zu sparen. Damit würde aber wenig geschehen sein. Eine schleunige Abhülfe wird durch die gegenwärtigen Zustände in Moabit gefordert. Sind unsere Voraussetzungen richtig, so muß das corporative Band des Brüderordens in Betreff der Strafanstaltsbeamten aufgelöst werden, wozu es einer Entlassung der einmal angestellten Beamten nicht bedarf. Welche Mittel und Wege dazu dienlich sind, wird Niemandem zweifelhaft sein, der Klarheit in der Erkenntniß seiner Ziele, und Entschiedenheit im Wollen mit einer billigen Berücksichtigung gegebener Verhältnisse vereinbar findet.

Bis jetzt berief sich die Preußische Regierung auf den Mangel ungünstiger Erfahrungen gegen die Brüderschaft. Nicht der mindeste Grund liegt aber vor, die Anwendbarkeit außerpreußischer Erfahrungen für unsere eigenen Zustände zu bestreiten, sobald die thatsächlichen Grundlagen dieser Erfahrungen bei uns vorhanden sind. Was aber kann man zu Gunsten der Brüderschaft anführen? Welche Namen und Autoritäten stehen ihr zur Seite, außer solchen, die ihrem eigenen Kreise angehören oder solchen, welche die Gefängnißfrage als eine Angelegenheit des Kirchentages in Anspruch nehmen, als ein Objekt der Inneren Mission hinstellen? Selbst Dr. Julius ist, bei seinen hohen Verdiensten, dennoch nicht im Stande, der Preußischen Regierung als Autorität zu dienen, weil er auch die Zulassung katholischer Orden in den Strafanstaltsdienst gefordert hat, welchen die Preußische Regierung doch keinen Boden gönnen will. Nachdem die Ordnungen der Brüderschaft bekannt geworden sind, kann es nicht mehr auf den Namen ankommen, den sich diese Genossenschaft selber beilegt.

Gegen die Brüderschaft aber und ihre Verwendung spricht das Gewicht solcher Namen, daß selbst Dr. Wichern nicht versuchen wird, gegen die Classicität ihres Zeugnisses Einwendungen zu erheben, die Ansicht von Männern, welche ihr Leben in viel höherem Maße dem Dienste der Gefangenen geweiht haben, als irgend ein Mitglied der inneren Mission, die volle Unparteilichkeit derjenigen, welche kein äußeres Interesse zur Sache haben, weder moralisch an den Ruhm der inneren Mission gebunden sind, noch auch bei ihrer Beeinträchtigung irgend einen Vortheil hoffen können, die entschieden geäußerte Ueberzeugung von Gelehrten und Fachmännern, deren wahre Religiosität von Niemand angezweifelt worden ist. Noch einmal gestatte man uns dem Votum, das wir abgegeben, eine höhere Bedeutung dadurch zu verleihen, daß wir uns auf die Zustimmung von Mittermaier und Röder in Heidelberg, von Hoyer in Vechta, von Elvers auf der Leuchtenburg, von Götting in Hildesheim und vorzugsweise auch von Fueßlin berufen, welcher in Bruchsal, das man bei der Einführung der Einzelnhaft in Moabit zum Muster nahm, Jahrelang gewirkt hat und als entschiedener Vertreter der Isolirung bekannt ist. In der Allgemeinen deutschen Strafrechtszeitung vom 18. Januar 1862 hat er seine Stimme gegen die staatliche Verwendung der Brüderschaft im Strafanstaltsdienste erhoben. Niemand kann ihm „Erfahrungen" bestreiten. Die ebenso angesehenen Namen von Suringar in Holland, von Ferrus in Frankreich, von David in Dänemark, von Moser in der Schweiz, von Varrentrapp und Diez, des Berichterstatters der Sächsischen Regierung, Herrn von Zahn sprechen gegen die Verwendung christlicher Corporationen im Dienste der Strafanstalten. Das Gewicht dieser Namen läßt sich leichter empfinden, als darstellen.

Den letzten Nimbus der Brüderschaft hat unserem Dafürhalten nach Schück zerstört, welcher von etwaigen Vorzügen derselben nicht nur schweigt, sondern geradezu behauptet, daß die brauchbaren Beamten unter der Brüderschaft erst von den alten Beamten in Moabit gelernt haben, und daß keiner durch seine Bildung im Rauhen Hause genügend vorgebildet wurde.

Die gewichtigsten Autoritäten außerhalb der Brüderschaft erkennen an, daß in den Unteroffizieren brauchbares Material zum Strafanstaltsdienst vorhanden ist. An Pünktlichkeit und Ordnung gewöhnt, von dem Gefühl militärischer Ehre geleitet, willig zum Gehorsam, bieten die Unteroffiziere der Armee eine Kraft, welche nur der Bildung und der Nachhülfe im geringem Maße bedarf, um Vortreffliches zu leisten. In dem Besitz des Civilversorgungsscheines erblicken wir unsererseits kein absolutes Anrecht, in einem Dienste verwendet zu werden, welcher, mehr als jeder andere, verstanden sein will; mehr, als jeder andere, Charaktereigenschaften seltener Art, Selbstverleugnung und Hingabe fordert. Für den Dienst in den Gefängnissen handelt es sich um Vorbildung und um Erprobung, und es wird gewiß die Zeit kommen, wo man in höherer Würdigung der edlen Aufgaben, welche die Strafvollstreckung zu lösen hat, für die Ausbildung der Gefängnißwärter von Staatswegen Sorge tragen wird. So richtig also der Grundgedanke war, Staatsmittel zur besseren Ausbildung von Gefangenenwärtern aufzuwenden, so irrig waren die in das Rauhe Haus verlegten Ziele. Niemand wird also behaupten, daß ein guter und braver Unteroffizier seiner militärischen Dienstzeit wegen allein für den Dienst in den Strafanstalten brauchbar ist. Zuzugeben ist aber, daß der Unteroffizierstand in seiner Disciplin einen äußeren Vorsprung besitzt, welcher bei der Ausbildung zum Gefängnißdienst gewürdigt werden muß.

Soweit als in Preußen auch bei vermehrter Anzahl derjenigen, die Ansprüche auf eine Versorgung im Civildienste erheben können, das Bedürfniß der Gefängnißverwaltung nach Arbeitskräften nicht befriedigt werden kann, eröffne man die weiteste Concurrenz. Im Kreise der gesammten Nation werden sich immer Männer finden, welche ihre Neigung zu dem Dienste in den Strafanstalten hinzieht. Wir haben uns in zahlreichen Strafanstalten Englands und Irlands überzeugt, daß auch außerhalb des Unteroffizierstandes und außerhalb der Inneren Mission brauchbare Beamte für die Strafanstalten zu finden sind. In dem Maße, wie man die Wichtigkeit der Gefängnißaufgaben erkennt, wie die öffentliche Theilnahme an den Angelegenheiten der Strafrechtspflege sich steigert, wie die Stellung der Strafanstaltsbeamten in der moralischen Erhabenheit ihrer Ziele allgemein gewürdigt wird, steigt auch der Wetteifer in der Bewerbung derjenigen, welche eine persönliche Befriedigung in der Mitarbeit an der Erreichung eines großen Culturzweckes suchen. Es wird auch in Deutschland nicht an Männern fehlen, welche, unabhängig von allem corporativen Zwange, der innersten Mission ihres Gewissens folgend, sich dem Dienste des Staates in dem Dienste am Verbrecher weihen.

Anhang I.

Die gegnerischen Kritiker.

Man wird bemerkt haben, daß die vorstehenden Blätter keine Gegenschrift sind in der Weise, daß wir eine Replik gegen die Angriffe unserer Gegner versucht hätten. Unser Bemühen war, dem gegenwärtig in der Presse geführten Kampfe jeden Anschein persönlicher Erregung zu nehmen, und wir bedauern aufrichtig, in den Angriffen gegen die Brüderschaft als Institut und Corporation die leicht zu verletzenden, religiösen Empfindungen vieler achtbarer Brüder und anderer, die auf ihrer Seite stehen, gekränkt zu sehen. Wer aber die Ziele, für welche wir einzutreten den Beruf zu haben glauben, richtig würdigt, kann uns das Zeugniß nicht versagen, daß wir den persönlichen Herausforderungen vieler unserer Gegner eine sachliche Ruhe entgegengestellt haben, welche wenigstens für den Ernst unserer Bestrebungen spricht.

Soweit gewisse uns gemachte Vorwürfe den Werth unserer Beweisführungen im Allgemeinen angreifen oder die gegnerischen Waffen in ein helleres Licht setzen, lassen wir dieselben hier folgen: .

Gegen unsere früheren Ausführungen erhebt man folgende Ausstellungen.

1) **Unkenntniß der Bibel.** Was man über unsere religiösen Ueberzeugungen von oberkirchenräthlicher Seite denkt, ist für uns von sehr untergeordneter Bedeutung. Für die s. g. neue evangelische Kirchenzeitung in Berlin und ihren völlig blinden Eifer ist es aber bezeichnend, daß sie in den Posaunenstößen der Entrüstung uns vorwirft, wir hätten nicht gewußt, daß die Reformation der katholischen Priesterweihe das allgemeine Priesterthum entgegengesetzt habe, und daß dabei jene bekannten Bibelstellen vom „königlichen Priesterthum" bestimmend gewesen seien. Zufällig finden sich nun auf S. 19 unserer ersten Broschüre

die Worte des griechischen Textes der bezüglichen neutestamentarischen Stelle: „βασιλειον ἱεράτευμα!" — ein Beitrag zur kritischen Befähigung jenes Blattes, welches mit einer zwar maßlosen, aber vollkommen orthodoxen Heftigkeit über uns hergefallen ist. (Vergl. Nr. 28 der s. g. neuen evangel. Kirchenzeitung vom 13. Juli 1861.)

2) Widersprüche in der Beweisführung: wir hätten eine völlig unvereinbare und unhaltbare Grundanschauung dargelegt, indem wir eine Anerkennung für das der Erziehung verwahrloster Kinder gewidmete Rauhe Haus neben unseren Angriffen auf die angeblich davon untrennbare Brüderanstalt aussprachen. So wenig ist nun die Brüderanstalt untrennbar von einer Erziehungsanstalt, daß alle dem Rauhen Hause nachgebildeten Erziehungsanstalten: wie Mettray in Frankreich und in Holland, Red Hill, Hardwicke Reformatory und andere sich von den Bestrebungen der Sendbrüderschaft fern gehalten, und den Unfug der Brüder-Ordnungen vermieden haben. Kein Sachkundiger wird leugnen, daß die Erziehungsanstalt des Rauhen Hauses sehr wohl ohne die Convict-ordnungen der Brüder bestehen könnte und daß diese Vereinigung leider etwas rein Zufälliges ist (für die Pläne des Dr. Wichern freilich Nothwendiges), was in den ersten Jahren nach der Gründung des Rauhen Hauses gar nicht vorhanden war. Während die Bestrebungen des Rauhen Hauses auf Abhülfe eines unleugbar vorhandenen Nothstandes durch Besserung und Erziehung verwahrloster Jugend bei aller Verschiedenheit in der Würdigung der angewandten Mittel nur Anerkennung verdienen, kann man die in den Brüderordnungen dargelegte Gestaltung einer Corporation mit ihren persönlichen Abhängigkeitsverhältnissen für einen traurigen Mißgriff halten. Schück theilt in seiner Schrift unsere Auffassung der Sache vollkommen. Er sagt S. 112: „das Rauhe Haus, das beste und zweckmäßigste Rettungshaus, das vorhanden, ist kein Gefängniß und zwischen beiden besteht ein großer Unterschied, es kann jemand ganz ausgezeichnet für eins, und wenig brauchbar für das andere sein. Die im Gefängnißdienst tüchtigen Brüder des Rauhen Hauses sind dafür alle erst nach ihrem Abgang aus dem Rauhen Hause in Strafanstalten selbst ausgebildet worden." Mit der praktischen Ausbildung der Brüder für andere als Erziehungszwecke hat es also nicht viel, mit der Ausbildung für den Gefängnißdienst gar nichts auf sich.

Auch Fueßlin theilt diese von den Gegnern so geringschätzig abgefertigte Unterscheidung zwischen außeramtlicher und amtlicher Wirksamkeit der Brüder. In der Allg. Strafrechtszeitung vom 18. Januar d. J. S. 35 sagt derselbe:

„Zur Vermeidung irriger Auffassungen über den Zweck dieses Gutachtens soll hier überhaupt auf das Bestimmteste ausgesprochen sein, daß ich kein Gegner des Rauhen Hauses und der Brüderschaft an sich bin. Ich anerkenne deren Verdienste und Bestrebungen vollkommen; ich achte die dort vertretene, wie jede andere, aus innerer Ueberzeugung hervorgehende religiöse Richtung, wenn ich sie auch nicht selbst bekenne und theile. Ich nehme aber dieselbe Achtung und Anerkennung der Gleichberechtigung für andere religiöse Richtungen und Bekenntnisse in Anspruch, und halte es für Pflicht einer gerechten Regierung, wie die persönliche, so noch in viel höherem Grade die Geistes- und Glaubensfreiheit aller ihrer Unterthanen zu schützen und vor jeglichem Zwang zu bewahren. Deshalb halte ich

die Ueberlassung der Besetzung aller Aufseher- und Wärterstellen in Staatsanstalten, in welchen Staatsbürger für längere Zeit **unfreiwillig** verwahrt oder gepflegt werden, und insbesondere in Strafanstalten, an die Corporation der Brüderschaft des Rauhen Hauses durch Abschluß eines förmlichen Vertrages zwischen der Regierung und dem Vorstande der Brüderschaft für ebenso bedenklich als ungerecht!"

3) **Verschweigungen** und **Reticenzen**, weil wir angeblich unterlassen, dasjenige anzuführen, was zu Gunsten der Brüderschaft spricht: ein lächerlicher Vorwurf. Wir handeln nach bester Ueberzeugung, wenn wir nur dasjenige aus den Brüder-Ordnungen hervorheben, was uns wichtig erscheint, wobei wir natürlich ganz subjektiv verfahren. Da nächstens die Brüder-Ordnungen im Druck erscheinen sollen, so möge man selbst urtheilen, ob wir in unserer ersten Schrift Wichtiges oder nur Phrasen unberücksichtigt ließen. Eine Auswahl aus dem Mitzutheilenden war aber durch die Rücksicht auf Nachdruck geboten. Man urtheile über unser Verfahren nach einem Beispiel. Einer unserer Gegner wirft uns vor: wir hätten unterlassen zu bemerken: daß „die Brüder-Ordnungen keine Verordnungen seien, sondern Erzeugnisse der freien brüderlichen Liebe," wie Dr. Wichern bemerkt. Gegenüber einer andern sehr praktischen Stelle der Rundschreiben, wo Dr. Wichern sagt: „die Convictordnungen sind strenge zu halten," hat jene erste Aeußerung doch nichts zu bedeuten, als — eine einseitige Interpretation des Dr. Wichern, eine von ihm herrührende phraseologische Bezeichnung. — In diesem Sinne ist der uns gemachte Vorwurf nur dem Geschrei zu vergleichen, womit man die Stimme eines Sprechenden übertönen will, dem Toben eines Nichtsnutzigen, der den Schein sittlicher Entrüstung dem Publikum vor Augen stellt, damit man aus der Größe des Lärms auf das Vorhanden-

5

sein wirklicher Beleidigungen schließe. Es giebt allerdings eine Klasse von Kritikern, welche glaubt, daß derjenige Recht hat, welcher in einem Streite am lautesten schreit. Und darin zeichnet sich die Brüderschaft aus. Während bei Andern die Gläubigkeit im stillen Kämmerlein betet, läßt das von uns mitgetheilte Bundeslied den Glauben „schreien." Sehr bezeichnend! Bekennen müssen wir freilich, uns der Verschweigung nach einer anderen Richtung hin schuldig gemacht zu haben. Verschwiegen haben wir nämlich eine Anzahl von persönlichen Vorwürfen gegen einzelne Personen, verschwiegen eine Anzahl von Denunziationen wegen Veruntreuung, welche mit Zeugnissen unterstützt in unseren Händen ruhen, verschwiegen einige Ausstellungen gegen die Art und Weise, mit welcher einzelne Brüder Dienstreisen liquidiren, verschwiegen ferner, was in einzelnen vertraulichen Privatbriefen außer den Rundschreiben zu lesen ist. Vertrauenswürdigen Personen sind wir bereit Aufschlüsse über alles dasjenige zu geben, was wir verschwiegen haben.

4) Verdächtigungen. Wenn die Anklage einer Staatsanwaltschaft, weil auf dieselbe eine Freisprechung erfolgen kann, eine „Verdächtigung" des Angeschuldigten ist; wenn jede ungünstige Kritik, welche auf gewissenhafter Ueberzeugung beruht, vor allen Dingen die Warnung vor möglichen Gefahren der Zukunft eine Verdächtigung ist, alsdann bekennen wir uns schuldig. Ob die Mittel der Hülfskasse der Brüderschaft gegenwärtig noch gering sind, ob die Geheimschrift, zu der nur Brüder den Schlüssel besitzen, jetzt zu unschädlichen und gleichgültigen Dingen benutzt wird, kann nicht hindern, auf die Gefahren der Zukunft „verdächtigend" hinzuweisen; denn immer hören wir aus dem Munde des Dr. Wichern, daß die Brüderschaft im Wachsen ist. Im Sinne dieser Herren, welche mit ihren Vorwürfen sparsamer sein sollten, war die Voraussagung der Zerstörung Jerusalems eine „Verdächtigung", ebenso wie der Tadel des Bankschwindels im Jahre 1856, und die Voraussagung der Handelskrise eine Verdächtigung der damals thätigen, vielleicht sehr achtungswürdigen Bankdirektoren, das Verlangen nach deutscher Einheit im Hinblick auf die Gefahren der Zukunft eine „Verdächtigung" der gegenwärtig bestehenden Regierungen u. s. w. sein würde.

5) „Mißbrauch von Privatpapieren" durch Citirung einzelner Aussprüche aus den Rundschreiben des Dr. Wichern; ein Vorwurf, welchen man mit besonderer Vorliebe wiederholt hat. Während aber einige uns schwere Tadel deswegen auferlegen, haben andere (unter ihnen Dr. Mittermaier, Röder und Ober-Gerichts-Anwalt Götting) uns ein Verdienst um die Interessen des Staates zugeschrieben. Wir lehnen bei-

des ab und behaupten, daß wir eine Pflicht erfüllt haben. Nur dasjenige, was für die brüderschaftliche Auffassung hinsichtlich ihrer Stellung zum Staate, charakteristisch ist und die Unzuträglichkeiten einer Staatsanstellung für Brüder veranschaulicht, was nach unsrer festen (von unsern Gegnern natürlich nicht getheilten) Ueberzeugung für die Staatsbehörden wichtig zu wissen und für das Gesammturtheil über die Brüderschaft mitbestimmend ist, haben wir aus lithographirten und gedruckten Umschreiben, welche an nahezu 300 Personen gerichtet sind, der Oeffentlichkeit übergeben. Wir erlauben uns an alle Unparteiischen folgende Frage: Können solche (nicht handschriftliche) Umschreiben an 300 Personen auf eine und dieselbe Stufe mit gewöhnlichen Privatbriefen gesetzt werden? Und ist von uns im besondern irgend eine Familienangelegenheit, irgend ein Privatverhältniß, dargelegt, welches irgend jemand berechtigen würde, ein verletztes Zartgefühl zur Schau zu stellen? Wir wiederholen noch einmal, daß wir nach jenen Papieren weder geforscht noch verlangt haben, sondern in den Besitz derselben gesetzt wurden mit der Aufforderung, ihren Inhalt mit Rücksicht auf das öffentliche Wohl zu prüfen. Nichts ist uns anmaßender erschienen, als die Anforderung, daß dritte Personen derartige Umschreiben in gleicher Weise zu betrachten hätten, wie einfache Privatschreiben einer unmittelbar betheiligten Person.

Im Interesse des Staates müssen wir fordern, daß jeder Wahrheitsliebende sich nicht einschüchtern lasse, wenn es sich darum handelt, Dinge zur Sprache zu bringen, von denen die Interessen der Gesellschaft gefährdet erscheinen. Der gewöhnliche Grundsatz, „der Zweck heiligt die Mittel" findet hier, wo es sich um einen guten Zweck und um erlaubte Mittel handelt, gar keine Anwendung. Niemandes Vertrauen wurde verletzt, keine Verpflichtung zur Verschwiegenheit gebrochen, kein Briefgeheimniß gestört. Man gestatte uns ein Beispiel: Wenn ein bankerotter Kaufmann in einem gedruckten Circular an seine Geschäftsfreunde einen Plan versendet, wonach das Publikum beschwindelt, oder einzelne seiner Gläubiger hintergangen werden können, ist es alsdann erlaubt, insbesondere dritten Personen erlaubt, die Betheiligten öffentlich zu warnen und vor Schaden zu bewahren, oder soll diese „Familienangelegenheit" geheim gehalten werden? Und soll eine als Manuscript gedruckte Broschüre, welche eine Aufforderung zum Aufruhr enthält, von denjenigen, welche zufällig davon Kenntniß erlangen, aus zarten Bedenken verborgen gehalten werden? Weder um Schwindel noch um Aufruhr handelt es sich zwar in den Umschreiben des Dr. Wichern, allein die Aehnlichkeit unsrer Beispiele wird man nicht verkennen. In jenen Umschreiben, welche für die betheiligten Beamten des Königs geheim zu halten sind, welche stellenweise Vorkommnisse des Dienstes besprechen, welche rechtliche Irrthümer enthalten, die unter Umständen schädlich sein können, weil ihnen die Möglichkeit der Verbesserung durch Geheimhaltung abgeschnitten ist, in der geheimen Familiencorrespondenz eines vortragenden Rathes mit dienstlich Untergebenen liegt für uns eben die dringende Gefahr des Mißbrauches und der Mißverständnisse, wodurch der Dienst benachtheiligt und die Autorität der Gefängnißdirektoren beeinträchtigt werden kann. Ob man uns hierin beistimmt oder nicht, kann dabei gar nicht ins Gewicht fallen. Das unzweifelhafteste Recht und die klarste Pflicht fordern, daß man eine solche Ueberzeugung und die zu ihrer Begründung dienenden Beweismittel nicht zurückhalte. Auch hier bemerken wir, daß wir innerhalb der Grenzen der Zurückhaltung geblieben sind, indem wir Einsicht genommen haben in eine Anzahl von Privatschreiben des Dr. Wichern an einzelne Brüder, in denen amtliche Verhältnisse besprochen sind. Obwohl auch hier Dinge von Interesse vorkommen, so haben wir dennoch Rücksicht darauf genommen, daß es sich um wirkliche handschriftliche Briefe handelte, die mit den Umschreiben nicht auf einer Stufe stehen. Mit einigem Recht darf man uns, wie in der That geschehen ist, vorwerfen, daß wir mit unsern Gegnern viel zu zart verfahren seien.

6) Der Vorwurf der Unzuverlässigkeit in Citirung von Gewährsmännern. Wir hatten den Dr. Julius unter denjenigen genannt, welche sich handschriftlich gegen die Verwendung der Brüderschaft im Staatsdienste ausgesprochen. Im Hamburger Correspondenten und in der Allgem. Preußischen Zeitung hat darauf Dr. Julius sich zu den Anhängern der Brüderschaft bekannt. Obwohl wir sofort in denselben Zeitungen unsere Behauptung aufrecht erhielten, so unterließen dennoch die gegnerischen Schriftsteller, welche davon Kenntniß haben mußten, die Erwähnung unseres Widerspruches gegen die Erklärung des Dr. Julius. Wir lassen die betreffenden Zeitungsartikel hiermit folgen. Die im Hamburger Correspondenten vom 6. Juli 1861 und in der Allgem. Preußischen (Stern-) Zeitung abgegebene Erklärung des Dr. Julius lautet wörtlich:

„In der eben erschienenen Schrift des Hrn. Franz v. Holtzendorff, betitelt: „Die Brüderschaft des Rauhen Hauses, ein protestantischer Orden im Staatsdienst." Aus bisher unbekannten Papieren dargestellt von Dr. F. v. Holtzendorff. Berlin 1861, Lüderitz. 8., befindet sich Seite 45 nachfolgende Stelle:

„Dr. Julius, der Vater der deutschen Gefängnißwissenschaft, und Prof. Roeder in Heidelberg, haben sich gleichfalls handschriftlich auf das entschiedenste gegen die Einrichtung in Moabit ausgesprochen, soweit damit die Brüderschaft in Frage kommt."

Auf die eben angeführte Stelle, in so weit sie mich betrifft, fühle ich mich in meinem Gewissen verpflichtet, nachstehende drei Punkte zu entgegnen.

1) Ungeachtet ich in drei Monaten volle 78 Jahr alt werde, besitze ich dennoch, durch die Gnade Gottes, ein sehr genaues Gedächtniß und ein vollständiges Erinnerungsvermögen. Auf dieses letzte vertrauend glaube ich aussprechen zu dürfen, daß ich ungeachtet der Vieldeutigkeit des Ausdrucks und Wortes „handschriftlich", mich niemals und nirgendwo „auf das entschiedenste gegen die Einrichtung in Moabit ausgesprochen, soweit damit die Brüderschaft in Frage kommt."

Möglich wäre es jedoch, daß man im folgenden Hergange, eine Ausnahme von dem eben Ausgesprochenen finden wollte. Seit dem Jahre 1833 ist der damalige Fabrikinspector der Strafanstalt in Brieg, Hr. Schück, den der Minister des Innern, v. Rochow, 1840 als ich von Sr. Maj. dem Könige nach Berlin berufen ward, auf meinen Wunsch, zur formellen Beihülfe bei den von mir zu machenden Ausarbeitungen, welche er aufs Trefflichste gewährte, kommen ließ, mir bekannt und befreundet. Nachdem ich 1849 Berlin verlassen hatte und es seitdem nicht wieder betreten habe, ist Hr. Schück nach Berlin als Director des neuen Strafhauses in Moabit berufen worden und hat dasselbe bis in das Jahr 1860 hinein dirigirt, wo er dann nach Breslau als Director des Inquisitorial-Gefängnisses versetzt worden ist. Aus alter Bekanntschaft und die große Theilnahme kennend, welche ich aus der Ferne für Moabit bewahre, hat Herrn Schück, seitdem er dort Director war, mir ungefähr alle Jahre, kurz und meist in Zahlen, die Ergebnisse und Fortschritte des Hauses im vorhergegangenen Jahre brieflich gemeldet. Ein einziges Mal, nach dem unglücklichen Vorgange mit dem Aufseher Knegler, im Frühling 1859, hat mir der Director Schück dieses Ereigniß in einem Briefe erzählend gemeldet, der längst vernichtet ist. Auf diesen Brief antwortete ich an Schück, weiß aber bei der Länge der seitdem verstrichenen Zeit mich nicht mehr zu entsinnen, daß ich in diesem vertraulichen Privatbriefe, von dem ich natürlich keine Abschrift habe, auf irgend eine Weise mich „auf das Entschiedenste gegen die Einrichtung in Moabit ausgesprochen, so weit damit die Brüderschaft in Frage kommt." Nur Mißverständniß oder Mißdeutung weitgehendster Art können aus einzelnen, in jenem Briefe von mir gebrauchten Worten als meine Ansicht herleiten, ich habe mich „aufs Entschiedenste gegen die Einrichtung in Moabit ausgesprochen, so weit damit die Brüderschaft in Frage kommt", und beharre ich auf dieser Behauptung so lange, bis mir mein das Gegentheil enthaltender Originalbrief vorgelegt wird.

2) Angenommen, aber auf keinerlei Weise zugegeben, ich hätte wirklich die mir schuldgegebene, mehrfach angeführte Erklärung niedergeschrieben, so wäre dieses Urtheil, meines Erachtens, ganz werthlos. Ich habe, wie erwähnt, seit 1849 Moabit nicht gesehen, und kannte und kenne erst seitdem mir in der Mitte April 1861 die „Mittheilungen aus den amtlichen Berichten über die zum Ministerium des Innern gehörenden Königl. preußischen Straf- und Gefängniß-Anstalten" zugegangen sind die einzelnen Einrichtungen in Moabit, wie es jetzt ist, deren genaueste Kenntniß, welche allein zu einem Urtheil berechtigt, mir aber gemangelt. hat, so wie ich auch erst durch die „Mittheilungen u. s. w.", das dortige genauere Verhältniß der Brüder des Rauhen Hauses, kennen gelernt habe.

3) Es würde endlich, ein Urtheil wie das mir beigemessene über Moabit, allen meinen früheren und bisherigen Ueberzeugungen und Aeußerungen vollständig widersprechen. Ich habe nämlich von jeher und im verstärkten Maaße seit 1843, wo ich in Frankreich die heilsame und bessernde Leitung von Rettungshäusern und Gefängnissen durch den katholischen Orden der Josefiner und Josefinerinnen (frères de St. Joseph, soeurs de St. Joseph) sah und kennen lernte, mich für die unberechenbar wohlthätige Wirksamkeit geistlicher Unteraufseher und Gefangenwärter ausgesprochen, weil selbige ja auch am meisten von allen Beamten, mit den Gefangenen verkehren. Ich habe diese Wirksamkeit und Nützlichkeit, in den von mir vor etwa 20 Jahren mit herausgegebenen „Jahrbüchern der Gefängnißkunde", rühmend anerkannt und deren Nachahmung herbeigewünscht. Ich konnte also demnach in einem rein protestantischen Strafhause, wie Moabit es meines Wissens ist, die Einführung einer ähnlichen protestantischen Brüderschaft nur als einen Fortschritt zum Bessern und zur Besserung der Missethäter betrachten, wie dies auch geschehen ist. Die Festhaltung aber des confessionellen Unterschiedes in vollster Ausdehnung bei derlei Einrichtungen, hat bereits vor einem Menschenalter der so ausgezeichnete Oberpräsident Westphalens, Frhr. v. Vincke, anerkannt und durchgeführt. Er hat nämlich nicht nur von den zwei Strafanstalten in seiner Provinz, die eine, in Münster, allein für Katholiken bestimmt und mit barmherzigen Schwestern versehen, die andere aber, in

Herford, für protestantische Missethäter, und ebenso zwei verschiedene Rettungshäuser für jugendliche Verbrecher eingerichtet, eins für Katholiken, das andere für Protestanten, sondern es sind auch durch ihn und nach ihm zu seinem Gedächtnisse zwei Erziehungshäuser für unerwachsene Blinde, je nach den zwei Bekenntnissen, gegründet worden.

Hamburg, den 2. Juli 1861.

N. H. Julius, Dr."

Unsere eigene Gegenerklärung lautet:

Erklärung.

In der Beilage zu Nr. 9 der "Allgemeinen Preußischen Zeitung" vom 9. d. M. findet sich eine von Dr. N. H. Julius in Hamburg unterzeichnete Erklärung, worin einer von mir aufgestellten Behauptung mit der Versicherung entgegengetreten wird, daß dieselbe nur auf Mißdeutungen und Mißverständniß weitgehendster Art beruhen könne.

Die Erklärung des Dr. Julius ist speciell gegen die S. 45 meiner Broschüre: "Die Brüderschaft des Rauhen Hauses, ein protestantischer Orden im Staatsdienst" befindliche Anführung gerichtet, welche den Dr. Julius, auf Grund handschriftlicher Aeußerungen, zu denen zählt, „welche sich auf das Entschiedenste gegen die Einrichtungen in Moabit ausgesprochen, soweit dabei die Brüderschaft des Rauhen Hauses in Frage kommt."

Obwohl sich Herr Dr. Julius auf sein beinahe 78jähriges, „durch Gottes Gnade gutes Gedächtniß" beruft, um das Gegentheil zu versichern und meine Behauptung zu entkräften, so darf ich dennoch, gestützt auf ein weniger altes, aber ganz ausreichendes Gedächtniß, noch einmal wiederholen, daß sich Herr Dr. Julius in einem aus Anlaß des Kügler'schen Erschießungsfalles an den ehemaligen Direktor der Moabiter Strafanstalt, Herrn Schück, gerichteten Briefe auf das Entschiedenste gegen die Wirksamkeit der Brüderschaft geäußert hat.

In seiner Erklärung giebt Herr Dr. Julius zu, daß er sich bei der Länge der seitdem verstrichenen Zeit nicht zu entsinnen wisse, daß er sich in diesem vertraulichen Privatbriefe auf das Entschiedenste gegen die Brüderschaft ausgesprochen habe.

Wie nun trotz dieses Nichtentsinnens mir gegenüber der Vorwurf von Mißdeutungen weitgehendster Art mit Beziehung auf eben diese Behauptung gemacht werden kann, ist schwer zu begreifen.

Gerade dieser an Herrn Schück geschriebene, von mir sehr aufmerksam gelesene, durch schriftliche Notizen erinnerlich erhaltene Brief ist die Grundlage meiner Behauptungen, welche ich hiermit aufrecht erhalte.

Ob die damaligen Aeußerungen des Dr. Julius gegenwärtig — für den Fall ihrer Wahrheit — von ihrem eigenen Urheber als „ganz werthlos" bezeichnet werden, kann natürlich an meinen Behauptungen nichts ändern. Diese Entwerthung nachträglicher Art, beruhend auf der Einsicht in amtliche Mittheilungen, welche Dr. Wichern selbst über die Brüderschaft gegeben hat, kann das Publikum nur von der jetzigen Denkungsart des Dr. Julius in Kenntniß setzen.

Ebenso wenig ist die Berufung auf frühere Schriften des Dr. Julius geeignet, meine Behauptung zu widerlegen oder auch nur unwahrscheinlich zu machen. Der Kügler'sche Erschießungsfall war ein so eigenthümlicher, daß er in der Geschichte anderer Orden ohne Beispiel ist und die früheren Urtheile über die Wirksamkeit gewisser Orden in den Strafanstalten zu modificiren wohl geeignet war.

Der Streit über diese Frage wird einfach erledigt sein dadurch, daß ich dem Nichtentsinnen des Dr. Julius die feste Versicherung der Wahrheit für die von mir behauptete Thatsache entgegensetze.

Berlin, 10. Juli 1861.

Dr. F. von Holtzendorff,
Prof. d. Rechte.

Was das durch Gottes Gnade gute Gedächtniß des Herrn Dr. Julius betrifft, so wolle der Leser bemerken, daß in der vorstehenden Erklärung der Kügler'sche Erschießungsfall, welcher sich im August 1859 zutrug, von Dr. Julius in den Frühling des Jahres 1859 versetzt wird.

Da unsere Glaubwürdigkeit von Dr. Julius selbst angefochten wurde, sehen wir uns ferner zu unserem Bedauern genöthigt, nachstehenden an uns selbst gerichteten Brief des Dr. Julius abdrucken zu lassen, in welchem das Publikum zwischen den Zeilen lesen wolle:

Hochzuverehrender Herr und jüngerer Freund!

Sie empfangen anliegend den gütigst gewünschten Aufsatz in möglicher Schnelle. Gefällt er Ihnen nicht, wie er ist, so bitte ich ihn nur unbedenklich ruhig bei Seite zu legen, in der Ueberzeugung, daß man im 77sten Lebensjahre nach andern Dingen sich sehnen soll, als nach schriftstellerischen Ehren. Sind Sie jedoch mit der Abfassung nicht unzufrieden, so mag diese letzte Arbeit noch einmal den Preßbengel in Bewegung setzen.

Vielleicht kommt der Aufsatz, nach dessen Vollendung ich erst den erfreulichen Artikel über das Moabiter Ereigniß*) in der Preußischen Zeitung

---

*) Nämlich den Kügler'schen Erschießungsfall. v. H.

empfing, doch noch zu rechter Zeit. Die Untersuchungsergebnisse seien aber, welche sie wollen, so steht sehnlich zu hoffen u. zu erwarten, daß sie an höherer Stelle, die Ueberzeugung einleuchtend machen, daß es um die Einzelnhaft im Zellengefängnisse gehörig und fruchtbringend zu machen, dringend nothwendig sei, diese Anstalt gänzlich von allen den Aenderungen, Einschiebseln und Anhängseln abzulösen, mit denen seit 1848 die Geschäftigkeit gewisser Leute selbige zur Untergrabung der den Fabrikerwerb freilich nicht fördernden Einzelnhaft zu beleben gestrebt hat. Hierauf habe ich für jeden, der zwischen den Zeilen lesen will, schon in dem Wenigen über Bruchsal Gesagten hingedeutet.

Schließlich bitte ich Sie ergebenst, die kleine Einlage nebst einem etwaigen Abdrucke meines Aufsatzes dem Direktor Schück in Moabit übersenden zu wollen.

Dankbar würde ich sein, wenn Sie mir vielleicht 6 andere Abdrücke des Blattes, worin der Aufsatz stehen soll, unter meiner Adresse senden und sie zu diesem Behufe dem selbigen gern fördernden Buchhändler Wilhelm Hertz in der Behrenstraße zukommen lassen wollten.

Hamburg, 3. November 1859.
N. H. Julius, Dr.

7) Ist bestritten worden, daß wir mit Recht der Betäubungen unter den Brüdern gedacht hätten. In der ersten Nachricht über das evangelische Johannisstift (Berlin 1858) S. 19 sagt Dr. Wichern von den Brüdern:

„Eine bestimmte Ordnung in dem gemeinsamen Gebrauch desselben göttlichen Wortes, jährlich wiederkehrende gemeinsame Feiern des Sacraments, treue brüderliche Handreichungen im Gebet und in der Fürbitte sind unsichtbare Bänder der Liebe, die alle umschlingen" u. s. w.

Darf man dies nicht in aller Kürze Betäubungen nennen? Andere, werden die „treuen Handreichungen (!) im Gebet" vielleicht Muckerei nennen wollen. In demselben Berichte findet sich eine Stelle, welche zum Nachdenken über die unglaubliche Demuth der Brüder auffordert. Man lese sie dreimal! Sie steht S. 22 und lautet: „Die Folge davon ist (nämlich davon, daß unter 641 an das Rauhe Haus gerichteten Gesuchen um Ueberlassung von Brüdern nur 180 haben befriedigt werden können), daß, ungerechnet die nicht zahlreichen Ausnahmefälle, entweder jene Aemter gar nicht haben ausgefüllt werden können, oder daß sie ungeschickten Händen haben übergeben werden müssen, oder das alles beim Alten geblieben ist!"

Dr. Wichern scheint demnach zu glauben, daß alle Anstalten, welche (von Ausnahmen abgesehen) Nichtbrüder berufen, traurig berathen sind.

Diese Anführung rechnet zu jenen ungeahnten Quellen des Hochmuthes, vermöge dessen so viele Brüder an ihre ganz absonderliche Befähigung zu Liebesdiensten glauben. — Weitere den innern Geist des Rauhen Hauses sehr bezeichnende Mittheilungen findet man in der kürzlich bei Barth in Leipzig erschienenen Schrift von Dr. J. Duboc: Die Propaganda des Rauhen Hauses und das Johannisstift in Berlin. Eine Warnung.

Diese Uebungen (die insoweit zwangsweise genannt werden können, als von ihnen das Bleiben in der Brüderschaft und folgeweise in dem Amte abhängt) müssen sich auch im Staatsdienste Geltung zu verschaffen suchen in der Einwirkung auf Andere. Die **Brüderordnung** bestimmt für Sendbrüder also auch Königlich Preußische Strafanstaltsbeamte in Nr. 5, was folgt:

„**Der Vorsteher der Brüderschaft** ordnet im Namen des Curatoriums vor jeder Entsendung die **contractlichen Verhältnisse** mit den **berufenden Behörden** oder Privatpersonen in der Weise, daß die Pflichten wie die Rechte der Brüder klar und nach Billigkeit constatirt sind. Der zu Entsendende bindet sich durch Unterschrift, diesen Contract in allen Stücken sorgfältig zu halten, **und ist auch der, durch ihren Vorsteher mitunterzeichnenden Brüderschaft dafür verantwortlich**. Veränderungen des Contracts können selbstverständlich nicht ohne Mitwirkung und Zustimmung des Vorstehers, resp. des Curatorii vorgenommen werden." Nach der Wortfassung sind die Contracts-Veränderungen unzweifelhaft auch auf die mit Behörden geschlossenen Verträge zu beziehen. Man sieht also, wie hinfällig die Behauptung. der Brüder ist, daß sie durch ihre Anstellung jedem anderen Preußischen Beamten gleichgestellt wären. Auch in der eben citirten Bestimmung liegt. ein unzweifelhaftes Interventionsrecht, welches natürlich so lange ruht, als Dr. Wichern Königlich Preußischer Geheimer Rath und Oberconvictmeister zugleich ist. Ueber das innere Abhängigkeitsverhältniß der Brüder und den Gehorsam, läßt sich noch eine andere auf diesen Gebieten hervorragende Autorität hören.

Dr. Wiese sagt in seiner Schrift: Von Gelübden im evangelischen Sinne (1861) über die Brüderschaft, und die fliegenden Blätter bestätigen in ihrem Novemberheft, was folgt:

„Der Bund hat eine feste corporative Gliederung nach innen und große Freiheit nach außen, mit der er auch in die Ordnungen des Staates überall bereitwillig eingeht. Die Brüder werden ausgesandt ohne ein Gelübde weder der Armuth, noch der Ehelosigkeit, noch auch des Gehorsams:

sie wollen und sollen nur in ihrem amtlichen Thun den evangelischen Geist vertreten, in welchem sie entsandt werden, und es im Einklang mit dem Geist ihrer Brüderschaft erhalten, wozu natürlich der Gehorsam gegen ihre Ordnungen gehört."

Auch hier ist also klar gesagt: Verantwortlichkeit vor der Brüderschaft wegen der Amtsführung im Staatsdienst!

Wir begnügen uns mit dieser Aufzählung, indem wir versichern, daß dies nur ein geringer Theil derjenigen Ausstellungen ist, welche man in Ermangelung wirklicher Gegengründe vorzubringen versucht hat. Die Namen derjenigen, welche jeder Unbefangene nach ihrer Schreibweise zum literarischen Gesindel rechnen wird, lassen wir an dieser Stelle unerwähnt. Dagegen sollte nicht vergessen werden, daß rein persönliche Angriffe jedesmal der Sache schaden, der man vermeintlich dienen will.

Anhang II.

Schriftstücke zur Charakteristik zweier Moabiter Sträflinge, und Belastungszeugen.

1. Abschiedsbrief des Gefangenen X. an Y. vor seiner Entlassung.

Lieber Y.!

Gestatten Sie mir, Ihnen bei Ihrem Scheiden ein herzliches Lebewohl zuzurufen.

Hat sich unsere Bekanntschaft auch nur auf einige verstohlene Begrüßungen par distance beschränken können, so wage ich doch zu hoffen, daß sie stark genug sein wird, um mir bei einer etwaigen Begegnung in der Freiheit, — so Gott will —, ein freundliches Entgegenkommen Ihrerseits zu sichern. Mir kommt es so vor, als ob beim Gedanken an ein Scheiden, sich die Herzen um so enger verbunden fühlen, und diese Empfindung läßt mich auch in diesem Augenblicke Sie um ein liebreiches Andenken und Ihr Wohlwollen bitten. Wenn ich aber im Hinblick auf meine eigene nahe bevorstehende Entlassung, mich glücklich fühle in dem Gedanken, ein neues Leben mit Gottes Hülfe zu beginnen, — frei von dem bösen Gewissen —, und dabei mein bescheidenes Theil zu genießen, so vermag ich im Augenblick nicht mehr, als auch Ihnen bei dieser Gelegenheit den gleichen Wunsch auszusprechen.

Mir ist der Gedanke an meine Zukunft sehr ernst, und ich ahne für dieselbe so viel Schweres und so mancherlei Dornen, daß sich bei mir neben die große Freude und Sehnsucht darnach, eine bange Besorgniß stellt. Doch ich hoffe auf Gott, und wünsche auch Ihnen: Gehen Sie mit Gott, und möge Er, bei allen Ihren Unternehmungen, mit Ihnen sein.

Bewahren Sie mir gütigst auch draußen ein freundliches Andenken, und halten Sie Sich eines Gleichen meinerseits stets überzeugt.

Leben Sie wohl!

Ihr

X.

2. Aus den Moabiter Betrachtungen des Gefangenen I.

(Geschrieben 1861.)

Man gestatte uns noch über einen unlängst vorgekommenen Fall einige Worte, in welchem ein Gefangener, der unverhofft begnadigt wurde, darum bat, noch in der Anstalt bleiben und den Rest seiner Strafe verbüßen zu dürfen. Dies giebt jedenfalls ein treffliches Terrain ab, um bei nächster Gelegenheit die Rößlein des Eigenruhmes und der Selbstsucht nach Herzenslust darauf zu tummeln, aber betrachten wir die Sache einmal nüchtern. Was muß dieser Mensch wohl für einen Begriff von Freiheit haben! Und wir fragen: ist er wohl im wahren Sinne des Wortes der Allerhöchsten Gnade werth?! Was können wohl für vernünftige Gründe zu solchem Wunsche vorliegen; — in der That, wir wissen keine. Der Mensch war vom einfachen Tagearbeiter, in der Anstalt zum Holzbildschnitzer avancirt, und gehörte zu denen, die mit besonderer Liebe gepflegt wurden; er sah sich nun durch seine Begnadigung plötzlich dieser Pflege entzogen, und auf sein Dorf versetzt, wo wahrscheinlich nichts dergleichen seiner harrte. Sein Verfahren hat also kaum mehr als .... zum Motive, und wir haben es hier lediglich mit einem Opfer der .... zu thun. Wenn wir dies aber auch nicht gesagt hätten, so spricht die Thatsache zu deutlich selbst dafür, um sie etwa von anderen Gesichtspunkten aus betrachten zu können.

Die Presse hat den Gegenstand unserer Abhandlung zu verschiedenen Zeiten besprochen, und der Welt namentlich Kunde gegeben, wenn ein hervorragendes Stück der dienenden Liebe zur Erscheinung gekommen war; wir geben also somit nichts Neues, und wollen auch nicht mehr, als uns unseren Vorkämpfern aufs engste anschließen. Das Wort, welches als der immer wiederkehrende Refrain zu betrachten ist, sei auch unser Schlußwort! Es giebt nur ein Recept für Moabit, und das ist die Beseitigung der „Rauhen Brüder"; wir wollen dasselbe nur noch dahin ergänzen, daß wir den herzlichsten Wunsch hinzufügen, daß das Schlepptau, welches uns mit den „Brüdern" einen so mächtigen Anhang zugeführt hat, nicht reißen möchte, wenn diese den Weg alles Fleisches gehen.

Wir wünschen also nochmals: bedingte Einzelnhaft, aber unbedingte Entfernung der „Rauhen Brüder". Bringen wir aber den civilversorgungsberechtigten Militairs ein Hoch, und scheiden wir von ihnen mit der festen Hoffnung, daß sie es verstehen werden, das preußische Beamtenthum auch in dem Dienst in der Einzelhaft zu Ehren zu bringen.

Einst wird gewiß der Tag kommen, wo darüber auch nicht der leiseste Zweifel mehr herrschen wird, daß nur der Wahrheit die Ehre gebührt; und so legen wir unsere Feder mit dem Trost weg, daß auch für das vorbeschriebene Treiben das Wort geschrieben steht: Irret euch nicht, Gott läßt sich nicht spotten!" und, setzen wir hinzu:

> Gottes Mühlen mahlen langsam,
> aber trefflich scharf und fein.

3. Verzeichniß

der Gehälter in der Königl. Neuen Straf-Anstalt zu Berlin.

(Mitgetheilt vom Gefangenen X.)

Pro 1854.   Pro 1861.

Zahl	Chargen	Betrag à Rt	Betrag Rt	Davon mit Miethsentschädigung Mann	Zahl	Chargen	Betrag à Rt	Betrag Rt	Davon mit Miethsentschädigung Mann
1	Decernent im Ministerium	2000	2000		1	Decernent im Ministerium	2000	2000	
					1	vortr. Rath ꝛc. mit 6 Monat Urlaub	6000	6000	
1	Director	1200	1200		1	Director	1200	1200	
2	Inspectoren	600	1200		2	Inspectoren	700	1400	
1	dgl.	550	550		*2	dgl.	600	1200	
1	Geistlicher	600	600		*1	Geistlicher (2ter)	1100	1100	
					1	dgl. (1ster)	1000	1000	
2	Aerzte	1 300 / 1 180	480		1	Arzt	480	480	
1	Secretair	400	400		*1	Secretair	450	450	
1	Organist	60	60		*2	Lehrer	400	800	
1	Maschinenmeister	448	448		1	Maschinenmeister	500	500	
1	Hausvater	350	350		1	Hausvater	350	350	
1	Oberaufseher	350	350		*2	Oberaufseher	350	700	
1	Werkmeister	300	300		*1	Werkmeister	350	350	
					*1	dgl.	325	325	
4	Aufseher	300	1200		*6	Aufseher	300	1800	
5	dgl.	280	1400		*1	dgl.	290	290	
4	dgl.	260	1040		*2	dgl.	280	560	
8	dgl.	240	1920		*6	dgl.	275	1650	
1	dgl.	230	230		*12	dgl.	250	3000	
2	dgl.	200	400	240 5 à 48 Rt				350	7 à 50 Rt
					1	Küchenaufseher	290	290	
					1	Pförtner	280	280	
					1	Nachtaufseher	250	250	
					2	dgl.	240	480	
					1	Bote	240	240	
								150	3 à 50 Rt
10	Hülfsaufseher	240	2400		*6	Hülfsaufseher	240	1440	
					1	Barbier	250	250	
		Sa.	16768				Sa.	28885	
		Differenz	12117			Filial-Anstalt.			
		Sa.	28885		1	Oberaufseher	350	350	
					8	Aufseher	3 300 / 2 275 / 3 250	2200	
								300	6 à 50 Rt
							Sa.	2850	
							Sa. tot.	31735	

Die mit * Bezeichneten, 5 Ober-, 37 Unter-Beamte sind Rauhhäusler Brüder.

4. Vergleichende Uebersicht
über die Administrations-Kosten der Königl. Neuen Straf-Anstalt zu Berlin
(Aus den Papieren des Gefangenen I.)
und zwar, unter Belegung mit:

A. Civilversorgten Militairs.

Jahre	Die Gesammt-Administrations-Kosten									
	wurden aufgebracht						betragen			auf Mann
	vom Arbeits-betrieb 2c.			durch Staats-zuschuß			in Summa			
	Rr.	Sgr.	Pf.	Rr.	Sgr.	Pf.	Rr.	Sgr.	Pf.	
1853	40127	18	9	21421	16	7	61549	5	4	798
1854	41003	7	7	24921	24	7	65925	2	2	796
1855	36779	6	2	32723	20	10	69502	27	—	732
pr. 3 Jahre Sa.	117910	2	6	79067	2	—	196977	4	6	2326
mithin pr. 1 J. rund	39303	10	10	26355	20	8	65659	1	6	775

B. Rauhhäusler Brüdern.

Jahre	Die Gesammt-Administrations-Kosten									
	wurden aufgebracht						betragen			auf Mann
	vom Arbeits-betrieb 2c.			durch Staats-zuschuß			in Summa			
	Rr.	Sgr.	Pf.	Rr.	Sgr.	Pf.	Rr.	Sgr.	Pf.	
1858	39570	11	7	48944	2	4	88514	13	11	643
1859	35575	6	11	51772	14	10	87347	21	9	647
1860	39091	1	5	49719	10	9	88810	12	2	627
pr. 3 Jahre Sa.	114236	19	11	150435	27	11	264672	17	10	1917
mithin pr. 1 J. rund	38078	26	8	50145	9	4	88224	6	—	639
bei einer Kopf-zahl von 775, wie pr. 1858, würden die Summen be-tragen:	46183	13	6	60817	14	8	107000	28	2	

Mithin betragen die Administrationskosten der Anstalt in den Jahren 1858/60 gegen die Jahre 1853/55 mehr:

pr. 1 Jahr
factisch 22565 Thlr. 4 Sgr. 6 Pf.
relativ 41341 Thlr. 26 Sgr. 8 Pf.

pr. 3 Jahre
factisch 67695 Thlr. 15 Sgr. 4 Pf.
relativ 124025 Thlr. 20 Sgr.

5. Aus dem Tagebuche des Gefangenen J.

1.

Von den Sternen, von den Blumen
Singt der Dichter oft und gern;
Denn die Blumen sind so nahe,
Und die Sterne sind so fern.
Von den Sternen lernt er glauben,
Von den Blumen lernt er sehn,
Und im Leuchten und im Duften
Einer Heimath Gruß verstehn!

2. Dies schöne Band, welches Sonne, Planeten und Kometen verbindet, konnte nicht anders, als durch die Weisheit und den Willen eines einsichtsvollen und mächtigen Wesens entstehen. Und da die Fixsterne Mittelpunkte ähnlicher Systeme sind, so werden auch diese alle mit gleicher Anordnung unter der Herrschaft des Einen stehen.

Dieser regiert Alles, nicht wie eine Weltseele, sondern als Herr des Weltalls. Und wegen seiner Herrschaft wird Er der Herr, Gott, der Allbeherrscher genannt.

Gott, der Allerhöchste, ist ein ewiges, unendliches und durchaus vollkommenes Wesen. Aus seiner Herrschaft folgt, daß Er ein lebendiger Gott ist, weise und mächtig; aus seinen übrigen Vollkommenheiten, daß Er der Höchste und Vollkommenste ist. Er ist ewig und unendlich, allmächtig und allwissend, das ist, Er lebt von Ewigkeit zu Ewigkeit und ist gegenwärtig von Unendlichkeit zu Unendlichkeit, Er regiert Alles, Er weiß Alles, was geschieht und geschehen kann. Er ist nicht die Ewigkeit und Unendlichkeit, sondern Er ist ewig und unendlich; Er ist nicht die Dauer und der Raum, sondern er ist unvergänglich und gegenwärtig. Seine Dauer ist immer und sein Dasein ist überall, und indem Er zu allen Zeiten und an allen Orten ist, stellt Er Dauer und Raum dar. Da jedes Theilchen des Raumes immer ist und jedes untheilbare Theilchen der Dauer überall ist: so ist gewiß der Urheber und Herr aller Dinge keineswegs niemals oder nirgends, keineswegs an einem Orte nicht oder zu einer Zeit nicht. Jeder denkende Geist ist zu verschiedenen Zeiten und mit verschiedenen Sinnes- und Bewegungs-Organen dennoch dieselbe untheilbare Person. Theile giebt es, die auf einander folgen in der Zeit die neben einander sind im Raume, aber keine in der Person, in dem denkenden Wesen des Menschen, wie viel weniger in dem denkenden Wesen

Gottes. Jeder Mensch ist als denkendes Wesen eins, derselbe Mensch, so lange er lebt, in allen und jeden Organen der Sinne — Gott ist einer, derselbe Gott zu allen Zeiten und an allen Orten. Er ist allgegenwärtig nicht blos durch seine Wirkung, sondern auch durch sein Wesen, denn Wirken kann ohne Wesen nicht bestehen. In ihm ist Alles und bewegt sich Alles, aber ohne gegenseitige Einwirkung. Gott erleidet keine Einwirkung durch die Bewegung der Körper, jene erfahren keinen Widerstand durch die Allgegenwart Gottes.

Daß ein allerhöchster Gott sein müsse, bekennen alle, aber durch eben die Nothwendigkeit ist Er auch ewig und an allen Orten. Daher ist Er auch ganz sich Selbst gleich, ganz Auge, ganz Ohr, ganz Arm, ganz Erkenntnißkraft, Denkkraft und Wirksamkeit, aber keinesweges auf menschliche Weise, keinesweges körperlich; auf eine uns ganz unbekannte Weise. Sowie der Blinde nicht die entfernteste Vorstellung von den Farben hat, so haben wir keine Vorstellung davon, wie der unendlich weise Gott denkt, und Alles erkennt. Er ist ganz unkörperlich und daher unserm Auge, unserm Ohr, unserm Gefühl ganz unerkennbar weshalb Er auch nicht unter irgend einem körperlichen Bilde verehrt werden darf. Wir haben Ideen über seine Eigenschaften, aber das Wesen irgend eines Dinges ist uns ganz unerkennbar. Wir sehen nur die Gestalten und die Farben der Körper; wir hören nur den Schall; unser Gefühl geht nur auf die Oberfläche; nur Gerüche affiziren unsern Geruchssinn; nur das Schmeckbare den Geschmackssinn, die Substanzen erkennen wir durch keinen Sinn, durch keine von ihnen ausgehende Wirkung; um so weniger haben wir eine Idee von dem Wesen Gottes. Ihn erkennen wir nur allein durch seine Eigenschaften und Attribute, durch die höchst weise und unübertreffliche Bildung der Welt, durch ihre Zweckmäßigkeit, — wir bewundern ihn wegen seiner Vollkommenheit, verehren ihn und beten ihn an als den Weltregierer. Denn wir beten ihn an, als seine Diener, und ein Gott ohne Weltregierung, ohne Vorsehung, ohne weise Zwecke ist nichts anders, als das Fatum und die Natur. — Aus der blinden und methaphysischen Nothwendigkeit, welche immer und überall dieselbe ist, geht ein Wechsel der Dinge hervor. Die gesammte den Zeiten und Orten angemessene Verschiedenheit der erschaffenen Dinge kann allein aus den Ideen und dem Willen eines nothwendig existirenden Wesens hervorgehen.

(Wenn unsere orthodoxen Beamten diese meine Erklärung über die Existenz des Weltenschöpfers lesen würden, dann liefe ich Gefahr, — auch wie jener unglückliche Sträfling, Jacoby 1., welcher 12 Jahre abgemacht und im December d. J. entlassen werden mußte, nur weil er sich gutwillig die Zwangsjacke nicht wollte anziehen lassen, aber schon im Arrest-Lokal unter meine Zelle sich befand, — wie ein toller Hund erschossen zu werden.)

(Diese grauenvolle That ist am 23. August 1859 Vormittags 10 Uhr auf Befehl des Ober-Aufsehers Kugler ausgeführt worden; und sollte er wirklich nicht bestraft werden, so möchte ich schon seine Gewissensbisse nicht theilen. So handeln die Leute, welche sich Selbst „die Stillen im Lande" neunen. Sie würden besser und richtiger sagen: .....
Aber man muß das **Maul** halten.)

3. Trost.

Du Gott in Sternenhöhen,
    Du Gott in Mondespracht,
In Deinen Himmel sehen
    Ist Trost in Erdennacht!
Die Brust wird mir zu enge,
    Zu weit wird mir die Welt,
Ich möcht' aus dem Gedränge
    Hinauf in's Friedenszelt;
Hinauf zu Deinen Sternen
    Hinauf an's Vaterherz!
Nach jenen Himmelsfernen
    Folgt nicht der Erde Schmerz.
Ich schaue! ach! so sehnend
    Zum blauen Dome auf,
Mein Blick begleitet thränend
    Des Mondes stillen Lauf.
Bald ruft ein neues: Werde!
    Mich aus der Nacht heraus
Und führt den Leib zur Erde,
    Den Geist in's Vaterhaus!

Aus den vorstehend mitgetheilten Proben wird man erkennen, daß die beiden Sträflinge X. u. Z. keinesweges ungebildet sind, allem Anschein nach sogar zu denjenigen gehören, welche trotz der von ihnen getadelten Brüder „gebessert" wurden.

Im Verlage von A. Charisius (Lüderitz'sche Buchhandlung) in Berlin erschien:

Die Brüderschaft des Rauhen Hauses,
ein protestantischer Orden im Staatsdienst.

Aus bisher unbekannten Papieren dargestellt

von

Dr. F. von Holtzendorff.

1861. Vierte Auflage. 10 Sgr.

Gesetz oder Verwaltungsmaxime?
Rechtliche Bedenken

gegen die

Preußische Denkschrift betreffend die Einzelnhaft

von

Dr. F. von Holtzendorff.

1861. 8 Sgr.

Das

Preußische Volk in Waffen
und

die neue Militär-Organisation.

(Von Pauli, Major a. D.)

1861. 9 Bogen. Gr. 8. 17½ Sgr.

Heinrich von Kleist's
Politische Schriften

und andere Nachträge zu seinen Werken.

Mit einer Einleitung

zum ersten Mal herausgegeben

von

Rudolf Köpke,
Professor in Berlin.

1862. 8. 1 Thlr.